Ralf-Andreas Gmelin
8386

8386

Tage mit der Ringkirche

**Ein Stück Lebenszeit von
Ralf-A. Gmelin
2001 bis 2024**

8386 Tage mit der Ringkirche
Ein Stück Lebenszeit von Ralf-Andreas Gmelin, 2001 bis 2024.

Bibliografische Information der Deutschen Nationalbibliothek:
Die Deutsche Nationalbibliothek verzeichnet diese Publikation in der
Deutschen Nationalbibliografie; detaillierte bibliografische Daten sind im
Internet über http://dnb.dnb.de abrufbar.

© 2024 Ralf-Andreas Gmelin

Herstellung und Verlag: BoD – Books on Demand, Norderstedt

ISBN: 978-3-758 320 552

8386

Tage, zwischen dem 1. März 2001 und dem 29. Februar 2024: Meine Zeit als Pfarrer an der Evangelischen Ringkirchengemeinde Wiesbaden. Dies Büchlein ist ein persönlicher Blick auf diese 23 Jahre. Ein Rückblick, auch mit Erinnerungen an die, die in dieser langen Zeit an meiner Seite die Geschicke der Ringkirchengemeinde mitbestimmt und mitbewegt haben, Kirchenvorstände in Geschichte und Gegenwart, Gemeindeglieder und auch Mitmenschen, die nicht zur Ringkirchengemeinde gehörten, aber für sie wichtig wurden. Manche von ihnen haben uns für immer verlassen, an einige von ihnen habe ich denken müssen, als ich diesen Blick zurück verfasst habe.

Im Jahr meines Dienstantritts in der Ringkirchengemeinde hielt ich gerade Konfirmandenunterricht am Dienstag, den 11. September 2001, als ich mit den Konfis[1] vom Gemeindebüro kam und auf der Straße An der Ringkirche meinem Kollegen, Sunny Panitz, begegnete, der mir von dem Anschlag auf die Twin Towers in New York erzählte. Irgendwie ist das Bild der brennenden Hochhäuser, zum Symbol für die zunehmende Erschütterung der Friedensordnung geworden, die ihren Glanzpunkt zwölf Jahre zuvor, 1989, in der Öffnung des Ostblocks gehabt hatte. - Zunächst schien es uns hier nichts anzugehen, was wir staunend während der ersten Präsidentschaft des amerikanischen Wahrheitsdesperados Donald Trump beobachten mussten. Aber schon bald erwies sich, dass der ganze Westen, wenn nicht die ganze Welt auf eine Spaltung der Gesellschaften und Nationen zutreiben. Nicht nur im weltweiten Horizont, sondern auch im alltäglichen Leben gibt es dafür Anzeichen: Einerseits werden wir von einer zunehmenden Bürokratie

---

[1] Das meint immer: Konfirmandinnen und Konfirmanden!

geschützt, die ursprünglich das Ziel hatte, die Demokratie vor willkürlichen Despoten zu bewahren, bis sie selbst als ein solcher Despot empfunden wurde. – So werden zunehmend Minderheiten auf dem Weg der political correctnes behütet. Aber auf der anderen Seite wird als Gegenlager eine Bewegung stärker, die an dunkle Zeiten erinnert, wenn sie im selbstgerechten Kampf gegen die bürokratische Bevormundung des Volkes Ressentiments und Zukunftsangst fördert, um sich später als das Wolfsrudel zu entpuppen, das eine verängstigte und verrohte Herde zum Fressen und Gefressenwerden treibt. Als Pfarrer habe ich mich immer – im Rahmen meiner Reichweite - politisch verantwortlich gefühlt, ohne dass ich mich in den Dienst einer politischen oder ideologischen Partei stellen lassen wollte.

Dieses Büchlein schaut zurück auf den Zeitraum der 8386 Tage, die um sind, wenn am 29. Februar 2024 meine Amtszeit an der Ringkirchengemeinde endet. Ein Anlass für mich, über meine vergangenen 23 Jahre nachzudenken und in diesem Büchlein abzulegen. So wünsche ich seinen Lesern, dass sie an den Gedanken und Erinnerungen Freude haben.

Denn Gott sagt uns durch Jesus Christus, dass wir aus der Liebe zum Leben leben sollen. Das stellt uns die Aufgabe, nicht aus dem Geist der Furcht zu leben. Dieser Geist hat Menschen immer wieder in die Fänge ideologischer Verführer getrieben. Ideologien lassen oft die Liebe zum Leben vermissen oder vermindern bei ihren Anhängern die Achtung vor dem Leben. Statt dessen sollen wir ein Leben in der Freiheit des Christenmenschen wagen, das sich nicht an die Leine nehmen lässt – egal, wer am anderen Ende der Leine zieht.

Die protestantischen Theologien der letzten zweihundert Jahre haben oft, wenn sie angefochten waren, den Weg in politische Ideologien gesucht. Und es wurde meist kein guter Weg. Auch die ökologische Weltrettung unserer Tage hat – neben einer pragmatisch-technischen Dimension, die dieser Erde und ihrer Zukunft wohltun wird, eine ideologische Dimension, die sich nicht nur in festgeklebten Destrukteuren zeigt, sondern auch in apokalyptischen Haltungen, die vor Kultur oder Leben keinerlei Respekt haben.

Nach Religions- und Konfirmandenunterricht begann meine Beschäftigung mit der Theologie mit meinem Studium in Tübingen, Frankfurt, Marburg und Mainz. Es sprang von der Lutherzeit zur Bekennenden Kirche, ohne Umweg über das 19. Jahrhundert zu nehmen. Meine spätere Beschäftigung mit den Strömungen dieser Epoche hat meinen theologischen Standort bereichert, aber nicht bestätigt: Ich kam an *Adolf von Harnack* nicht vorüber, habe Ehrfurcht vor den verstorbenen Großen *Max Weber*, *Ernst Troeltsch* oder *Paul Tillich*, konnte mich aber bei den damals lebenden Theologen meiner Studienzeit, *Eberhart Jüngel*, *Jürgen Moltmann* in Tübingen, *Wilfried Härle* oder *Eilert Herms* nie ganz zuhause fühlen, da ihre Haltung oft von der Blässe der Gegenwartsmoden angekränkelt war. Für die theologische und polemische Kompetenz von *Friedrich Wilhelm Graf* habe ich dankbare Sympathien entwickelt, ohne dass sie mein eigenes theologische Denken sehr geprägt hätte.

Was mir erst später deutlich wurde, war ein Einfluss, den ich als gebürtiger Gießener in den Semesterferien genoss: Die einzelnen Seminarstunden des Philosophen *Odo Marquard*, dessen Skeptizismus mir wohlgetan hat, nicht nur aufgrund seiner humorvollen Methodik des „Transzendental-Belletristen", sondern gerade wegen seines Ernstes bei der Bekämpfung der Geschichtsphilosophie, die sich wie eine Pest auch über die Theologie zu legen sucht. Denn für die Geschichte schreibt er im anklingenden Gegensatz zur elften These von *Karl Marx* über *Feuerbach*:

„Es kömmt darauf an, sie in Ruhe zu lassen!".

Von den Wolken der Theorie zurück auf den Erdboden der pastoralen Praxis: Die Mitgliederstatistik der letzten Kirchenmitgliedschaftsuntersuchung der EKD hat mir bewiesen, dass während meiner Zeit als Pfarrer meine Kirche kleiner wurde. Nicht das Ziel, das ich mir bei meiner Berufswahl gewünscht hätte. Bei aller Naivität meiner frühen Hoffnungen bleibt ein Hauch von Trauer.

Ich wünsche mir, dass theologisches Denken wieder den Mut hat, allein gegen den Rest der Welt zu Gott zu halten.

Nur Ideologen sind sich fundamentalistisch sicher, dass ihr Weg der einzig richtige ist. Wer ein wahres Werkzeug Gottes sein möchte, muss es wagen, sich seines eigenen Verstandes zu bedienen, besonders im Zeitalter von Internet und ChatGPT, um die Wirklichkeit von Gott her zu deuten.

Und die erste Einsicht muss die bleiben, die uns als endliche Wesen mit unserer Beschränktheit und Irrtumsfähigkeit versöhnt: Trotz aller computergestützen Prognosen muss der Mensch Maß aller Dinge bleiben...

Wiesbaden im Jahr 2024,
Ralf-Andreas Gmelin

Archivbild von 2014.

Wie es losging: Zur Ringkirche?

Im Jahr 2000, am Anfang des Jahrhunderts, wohnte ich am Alfred Brehm Platz in Frankfurt, direkt neben dem Haupteingang zum Zoo. Ich arbeitete als Theologischer Redakteur der „Evangelischen Kirchenzeitung", die dann noch einige Jahre „Evangelische Sonntagszeitung" hieß. Mit Rücksicht auf meine baldige Frau – die in Mainz arbeitete – wollte ich mich auf eine Stelle bewerben, die auch *ihren* beruflichen Anforderungen entspräche, d.h. in der Nähe von Mainz. Ausgeschrieben waren Mainz-Gonsenheim und die Ringkirche, auch Auferstehung in Wiesbaden war im Angebot. Gonsenheim und Auferstehung erwiesen sich als ungeeignet, darum stellte sich die Frage: Zur Ringkirche?

Als Vikar hatte ich die Wiesbadener Kirchengemeinden kennengelernt, denn ich war bei Hermann Otto Geißler an der Wiesbadener Lutherkirche. Aus unserem damaligen Blickwinkel war die Ringkirche nicht im Bestzustand: Viele aktive Gemeindeglieder der Lutherkirchengemeinde wohnten eigentlich in einem Pfarrbezirk der Ringkirche, auch Chormitglieder des damaligen Bachchores, in dem ich damals mitgesungen hatte, kamen von dort.

Aber gerade Aufbauarbeit in einer Gemeinde zu leisten, hat auf mich einen großen Reiz ausgeübt. Ich hatte das Gefühl, dass ich dafür die Kraft hätte. Und ich hatte mit solcher Aufbauarbeit gute Erfahrungen gemacht: Nach dem Theologiestudium in Tübingen, Frankfurt, Marburg und Mainz hatte mich der Propst von Südnassau, *Heinz Bergner*, Wiesbaden, im Anschluss an das Vikariat an der Lutherkirche Wiesbaden zum Pfarrvikariat nach Stierstadt-Weißkirchen gesteckt. Mein Wunsch, in einer der hessischen Großstädte Verwendung zu finden, wurde ignoriert: „Ich lasse Sie nicht gehen!" Damit ging es nach Oberursel in eine Gemeinde, zu der ein befreundeter Kollege kurz zuvor kategorisch „Nein!" gesagt hatte. Eine Gemeinde mit einem eigensinnigen Pfarrkollegen, der einen sehr aktiven Kirchenvorstand an den Rand der Verzweiflung gebracht hatte.

Um es kurz zu machen: Ich übernahm diese Gemeinde, der ältere Kollege ließ sich direkt danach pensionieren, und ich bekam das Gefühl, dass in kurzer Zeit alles aufs Prächtigste gedieh. Es entwickelte sich eine blühende Jugendarbeit, es gab viele Konfis[2], der Gottesdienstbesuch stabilisierte sich auf einem sehr ordentlichen Niveau und ich war auch persönlich gut eingebunden in diese erste Gemeinde. Ich genoss diesen Kirchenvorstand aus selbständig denkenden Menschen, die mich unterstützten und war nach kurzer Zeit in dieser Gemeinde zuhause. Wenn da nicht...

Eines Tages – etwa acht Jahre später - rief mich der damalige Leiter der Öffentlichkeitsarbeit der Landeskirche, Oberkirchenrat *Joachim Schmidt*, an und fragte mich, ob ich mich nicht auf die Stelle eines Theologischen Redakteurs der Ev. Kirchenzeitung bewerben wollte. Die Stelle war zweimal ausgeschrieben worden – ohne Erfolg. Da ich noch nicht das Gefühl hatte, bereits zu lange in meiner Gemeinde zu sein, wäre ich nicht auf die Idee gekommen, mich wegzubewerben. Aber wenn man gefragt wird? Da ich schon seit Schülerzeiten publizistisch tätig war, hatte ich mich auch bei meiner Gemeindearbeit und als Öffentlichkeitsreferent des Dekanats Bad Homburg für eine systematische Öffentlichkeitsarbeit eingesetzt. Dazu gehörte auch der Besuch von zweckdienlichen Fortbildungen. Und - das hatte ich jetzt davon!

Ich wurde gefragt und diese Frage bohrte, weil sie einer Antwort bedurfte. Ich stand da wie Buridans Esel vor zwei Heuhaufen – und wollte nicht wie dieser verhungern: Einerseits stand da eine Gemein-

---

[2] Konfirmandinnen und Konfirmanden. Konfi entgeht der Gender-Diskussion.

de, die mir zur Heimat geworden war und in der ich gut eingebunden war, auch angesichts vieler Jugendlicher, die fast mehr in ihrer Gemeinde als Zuhause groß wurden und fast so etwas wie meine Familie bildeten. Und andererseits stand da eine Chance, noch etwas auszuprobieren, wozu ich wohl nicht ein zweites Mal gefragt würde. Ich entschied mich für die Redakteursstelle und gestand es zuerst meinen Jugendlichen, bei denen ich ein so heftig nicht erwartetes Entsetzen auslöste. Es hat mich sehr gefreut, als ich Monate später merkte, dass ihr Kreis nach wie vor lebendig und stabil geblieben war und dass die Aufbauarbeit in der Ev. Versöhnungsgemeinde nicht mit meinem Verschwinden zusammenkrachte.

Es folgten dann Jahre auf meinem Redakteursposten, die mir erst einen Volontärskurs im damals noch existierenden Haus Busch im westfälischen Hagen bescherte und mich dann mit vielen Aspekten meiner Kirche bekannt machte, die ich sonst niemals kennengelernt hätte. Auch das aufmerksame Stöbern in der kirchlichen Publizistik fand ich anregend. Ich habe den Schritt nicht bereut – ohne allerdings den Horror mancher übergemeindlicher Kollegen zu teilen, die sich nach einer übergemeindlichen Tätigkeit eine Rückkehr in die Gemeindearbeit nicht mehr vorstellen können.

Mir war klar, dass ich früher oder später gern und mit Freude wieder in die Gemeindearbeit zurückkehren wollte, das war mir an meinem Schreibtisch klar. Zwar gab es noch Zoff, wann das sein würde, aber schließlich stand als Möglichkeit die Ringkirche und ihre Gemeinde auf dem Plan.

Als ich mich im Jahr 2000 zum ersten Mal bewarb, hörte ich, dass sich auch *Sunny Panitz* beworben hatte, der mit seiner Familie eine Weile in Kanada gelebt hatte. Zuvor - während der Zeit meines Vikariats – war er an der Wiesbadener Stephanusgemeinde tätig. Mir war klar, dass er mir vorgezogen würde, ohne Bitterkeit, da er ja auch mir sympathisch war. – Bei dieser erfolglosen Bewerbung wurde mir geraten, ich möchte mich doch auf die nächste Ringkirchen-Stelle bewerben die gerade ausgeschrieben würde. Und das habe ich dann auch getan. Nicht ohne zuvor mit *Sunny Panitz* einen Kaffee im Café Klatsch zu trinken. Es war ein wirklich gutes Gespräch, weil wir klären mussten, ob wir zusammen etwas hinbekommen, oder ob wir uns gegenseitig im Weg stehen würden. Im Hinblick auf uns zwei waren wir sicher: Es wird gut gehen. Aber im Hinblick auf die ersten Monate in der Ringkirchengemeinde würde es nicht einfach werden. Aus ein paar Andeutungen von *Sunny* hörte ich heraus, dass es Handlungsbedarf gab und was sich dem anschloss, war teils heftig. Leicht war es nicht - und es waren nicht die Geister der alten Themen der Ringkirchengemeinde, die die Probleme bereiten würden, sondern der traurige Versuch einzelner Personen mit allen Mitteln nicht die Geister der Entzweiung zu bekämpfen, sondern die Menschen anzugreifen, die ihnen im Weg standen und damit die Zwietracht zu fördern.

In meiner praktischen Arbeit tauchten die Meinungsverschiedenheiten aus der Vergangenheit der Ringkirchengemeinde nur einmal auf: Als es darum ging, die Vergangenheit der Ringkirchengemeinde für die Ausstellung 2019 für das 125jährige Jubiläum aufzuarbeiten. Da herrschte Diskussionsbedarf, weil der Blick von innen und der Blick von außen zu unterschiedlichen Bewertungen gelangte. Aber wir sind zu Ergebnissen gelangt, hinter denen beide Seiten stehen konnten, ohne uns persönlich zu schaden. Die beiden Strategen, die die Aufforstung des strapazierten Forstes der Ringkirchengemeinde damit beginnen wollten, dass sie die letzten Bäume fällen wollten, sind längst Geschichte. Aber ihr Geist wird von mir noch immer bekämpft. Gegenüber einer Axt, die unterschiedslos alles umhaut, ist die Gießkanne und der lachende Himmel allemal besser, um einen Wald wieder grünen zu lassen. Diesen Himmel brauchen wir! Wir überlassen ihn nicht allein den Engeln und den Spatzen...

Zu meinem Alltag als Ringkirchenpfarrer

… gehörten neben zwei Stunden Konfirmandenunterricht in der Woche bis zu acht Wochenstunden Schulunterricht in folgenden Schulen (nicht gleichzeitig): Blücherschule, Diltheyschule, Oranienschule, Gutenbergschule, Gymnasium am Mosbacher Berg, Ernst-Göbel-Schule, Nikolaus-August-Otto-Schule. Den Unterricht beendete ich wegen der Corona-Krise 2020 an der Oranienschule.

… gehörten zahlreiche Beisetzungen auf den nahen Friedhöfen: Südfriedhof, Nordfriedhof, Friedhof Dotzheim, Friedhof Biebrich, Friedhof Frauenstein, Friedhof Sonnenberg, Terra Levis, Friedwald, Friedhof Walluf.

… gehörten zahllose Sitzungen in gemeindlichen, übergemeindlichen und nichtkirchlichen Gremien, wöchentliche Dienstbesprechungen und monatliche Kirchenvorstandssitzungen. Dazu wöchentliche Chorproben.

… gehörte die zeitweise Mitarbeit im Kirchenvorstand der Gesamtgemeinde Wiesbaden, bei der Studierendenseelsorge der Hochschule RheinMain, als Regionalpfarrer der Johanniter Unfallhilfe, bei der Vakanzvertretung der Johannesgemeinde und regelmäßig die leitende Mitarbeit bei den Gremien für die Kirchenvorstandswahlen.

…gehörte das Schwingen des Kochlöffels für etliche Veranstaltungen und Unternehmungen.

...gehörten zahlreiche Publikationen, von Prospekten bis zu Gemeindebriefen und Büchern, die geschrieben, layoutet und platziert werden wollten, - und einige kreative Produktionen.

Die Buchproduktionen der letzten Jahre...

Was in der Ringkirche los war

Ein gemeindlich-persönliches Kaleidoskop 2001-2024
Diese Übersicht ist an meinem Kalender ausgerichtet. Darum
bitte ich um Vergebung, dass ganz vieles fehlt...

2001: Neubeginn

1. März	Dienstantritt Ev. Ringkirchengemeinde Wiesbaden
5.-8. Juni	Umzug ins Pfarrhaus, An der Ringkirche 3
30.8.-1.9.	1. KonfiCamp

2002: Ankommen in der Ringkirchengemeinde

12.-14. April	Visitation in Bad Camberg
23. Juni	Frankfurt, Schirn, Keltenausstellung
28. Juli	The Hilliard in FfM gehört
29.-31. August	2. KonfiCamp
6. September	Nacht der Kirchen: Jesus Christ
8. September	Neue Pfarrchronik im Gottesdienst eingeführt. Wird 2024 abgeschafft.
14.-21. Oktober	Äthiopienreise, auch zu Abune Paulos, dem Oberhaupt der Äthiopisch orthodoxen Unionskirche in Addis Abeba.
3. Okt.	FFH Radioandacht

8.-10. November   Chorwochenende Ebernburg

2003: Aufbruch zu neuen Ufern

26. Januar   Gemeindeversammlung zur Kirchenvorstandswahl

22. Februar   45. Geburtstag gefeiert

24.März -4.April   Pastoralkolleg in Israel mit der damaligen
Pröpstin Helga Trösken†

27. April   Kirchenvorstandswahl. Gewählt wurden:
Stefan Bauer, Dr. Cornelia Beckert, Elke Flentge,
Antje Gerth, Thomas Hiess, Martin
Machenheimer†, Heike Menche, Elfriede Mohr,
Ursula-Esther Schmidt†, Elisabeth Schmitz,
Barbara Schulze-Falck, Karin Thomas, Helga
Wege†, Hans-Henning Wiesner, Beate Wolff-
Quellmann, Martin Zillinger.
Vorsitzende wurde Elke Flentge

16.-17. Mai   Teilnahme an der Landessynode in Frankfurt

9.Juni   Erster Pilgerweg am Pfingstmontag –
zunächst ins Kloster Klarenthal

Juni   Beginn der Außenrestaurierung der Ringkirche
mit einer Musterachse

26. Juli   Selber Streichen und Renovieren der Gemeindeetage mit Frau Höhne, Kaiser Friedrich Ring 5:
Nieder mit dem Flaschengrün!

9. August   Bonn-Ausflug in Archäologie-Ausstellung

26. September   Nacht der Kirchen: Fiesta Espanola, Tapas
von Agnete Brüning!

11. Oktober   Clubraum KFR 5 streichen

24. Oktober	Gespräch mit der äthiopisch orthodoxen Gemeinde in Gründung. Äthiopische Gottesdienste ab 7.Dezember.
9. Nov.	GD mit Einladung von Neuzugezogenen (jährlich wiederkehrend)
6. Dez.	1. Nikolausmarkt
11. Dez.	Die Musterachse für die Restaurierung wird beendet.

2004: Viel ist unterwegs.

23.Januar	Freimaurer-Loge Plato durch RiKi geführt.
20. April	Baukommission: Kunst für Fenster an der RiKi - Glastür der Reformatorenhalle? Gespräch mit M. Derix und Nabo Gass
25.April	Die St. Giyorgisgemeinde wird visitiert:

| 25. April | Offizielle Eröffnung des Ersten Bauabschnitts der RiKi-Fassadensanierung |
| 20. Mai | Beginn des Rebstock-Verkaufs (HimmelfahrtsGD Swing To The Sky) für die Sanierung |

Juni	Entscheidung für die Gerstein-Ausstellung in der Riki
12. Juni	Sancto Petrolio: Szenische Folge mit Feuerspucken, „Feuer seit biblischer Zeit"
Ab August	Beginn von der Fensterpatenschaften Aktion und der Werbung dafür
7. August	Gemeindeausflug ins Gustav-Lübke-Museum Hamm, Ägypten: Krieg und Handel
3.September	Nacht der Kirchen, Savoir vivre UCS
26. September	Gemeindeausflug Basel, Tutenchamun
28. September	Filmvorstellung „Engel" (Uraufführung) FH-Studierende
19.-28. Oktober	Das Portal der Reformatorenhalle wird mit dem ersten Glasportal geschlossen. (November 2005 wird das Außenportal eingebaut.)
28. Oktober	RAG holt aus Kleinostheim Betonpoller für Holz-Ständer in der Kirche
28. Oktober	Stadtrat Grella besucht als Ordnungsamtsleiter die Riki-Insel
6. November	Gemeindeausflug zu Otzenkirchen in Wuppertal und Rheydt
6.Dezember	„Experten"-Gespräch für den Wettbewerb Glasfenster Reformatorenhalle produzierte unmögliche Ausschreibung und damit das Scheitern des Projekts
11.Dezember	Weihnachtsoratorium von Reinhard Keiser

2005: Perspektivensuche oder: Die Ruhe vor dem Sturm

17.Januar	Anselm Grün zieht ca. 900 zahlende Besucher in die RiKi. Erste Veranstaltung mit Buch Habel: Spiritualität im Alltag.

28. Januar	Gespräch für die Entwicklung eines Angebots für junge Erwachsene. Es wird ein Gesprächsabend monatlich Sonntags beschlossen.
3. Feburar	Gespräch über das Pfarrhaus - weiter am 21. Februar.
22. Februar	FFH Aufnahme RAG, Sendung 27.Februar.
28. Februar	Tagung des Preisgerichts für den Wettbewerb zum Glasportal führt entsprechend des unsinnigen Ausschreibungstextes zu keinem annehmbaren Ergebnis und zu dem Beschluss: Die Supraporte bleibt Fensterglas.
10. April	Ausstellungseröffnung Kurt Gerstein (bis 6. Mai)

7. Mai	Äthiopische Gemeinde feiert den Empfang eines Tabot aus Äthiopien, überführt von Abune Joseph aus dem Kloster Debre Libanos.
8. Mai	Gedenkgottesdienst an das Kriegsende vor 60 Jahren
13. Mai	Installation einer Ausstellung mit Großformaten von Gottfried Kazda samt Altaraufbau, der noch viele Monate dort stehen wird.
29. Mai	Gemeindeversammlung zur Lage von Restaurierung und Gemeinde
2. Juli	Tagung der beiden Kirchenvorstände von Ring- und Stephanus zu Kooperation und Fusion
3. September	Gemeinsamer Gemeindeausflug: Ringkirche und äth. St. Gyiorgisgemeinde. nach Rüdesheim mit dem Schiff
11. September	Gottesdienst mit offizieller Verabschiedung von Ralf Sach. In Folge Ausschreibung und Kandidatenauswahl für die Kantorenstelle. Übernehme die Federführung
12.-16. Oktober	Ich verreise nach Bodenheim und schreibe das Krippenspiel.

2006: Beginn des Pfarrhaus-Umbaus

4. Januar	Das Gemeindebüro zieht aus dem Kaiser Friedrich Ring 5 in das Pfarrhaus, An der Ringkirche 3.

19. Januar   Probespiel von vier Bewerbern auf die
Kantorenstelle. Gewählt und berufen wird Hans
Kielblock.

Ab Januar   Lars Kessner wird mit halber Stelle als Pfarrvikar
in den Dienst der Ringkirchengemeinde berufen
(bis Ende 2008).

3.-5. Februar   Bin beim alten Oettinger in Erbach für die Arbeit
am nächsten Krippenspiel.

13. Februar   Die Schnurbäume rund um die Ringkirche werden
im Auftrag der Stadt gefällt.

6. März	Die aus der alten Propstei Frankfurt stammenden Tische mit grünen Platten im Kirchenvorstandsraum der Gemeindeetage werden mit weißen IKEA-Tischplatten umgebaut.
8. April	Halte eine Kinderkirchenführung in Zusammenarbeit mit der Ev. Erwachsenenbildung.
10.-13. April	Erste Kinderbibelwoche in Zusammenarbeit mit Bettina Fuchs von Stephanus.
5. Juni	Der traditionelle Familienpilgerweg am Pfingstmontag geht nun in die Fasanerie, wo ein sehr viel größeres (Freiluft-) Platzangebot herrscht.
5. Juli	Durch eine Pressekonferenz im Turm der Ringkirche –Turmstube oberhalb der Glocken - wird die von RAG neu herausgegebene Jubiläumsschrift von Heinrich Schlosser aus dem Jahr 1919 der Öffentlichkeit vorgestellt.
31. August	nach einem Notar-Termin sind die Voraussetzungen geschaffen, dass RONDO künftig als gemeinnütziger e.V. geführt wird.
1. September	Nacht der Kirchen: Son aus Kuba.

6. September Der „Strukturausschuss" für die Kooperation von Ring und Stephanus konstituiert sich. Am 8. September gemeinsame KV-Sitzung beider Gemeinden, auch wieder am 1. November.

27. September Der Schutzengel hat aufgepasst: Werde auf meinem Motorroller auf der Rheinstraße gerammt. Totalschaden. Am Abend fällt die Regulator-Uhr von der wand. Tochter Johanna: „Roja kaputt, Uhr kaputt" – sie zuckt die Schultern… Neue Vespa.

4. Oktober Mit der Baustelleneinrichtung beginnen die Um- und Anbauarbeiten am Pfarrhaus. Ab dem 9. Oktober wird der Schacht für den Anbau ausgebaggert.
Am 20. Oktober werden die Wände der Pfarrdienstwohnungen ausgebaut. Wir müssen einige Tage auf Ersatz warten. Die Etageneingänge werden so verändert, dass im zweiten – längst stillgelegten - Treppenhaus ein Lift eingebaut werden kann. Ab dem 20. Oktober ist das Pfarrhaus nur noch über einen hölzernen Laufsteg zu erreichen, da die Toreinfahrt von der Baustelle blockiert wird.

7. Oktober Der „Evangelische Bund" kehrt an seine Nassauische Heimstadt, die Ringkirche zurück: Halte eine Kirchenführung.

22. Oktober Die „Kelly Familiy" spielt erstmals in der Ringkirche und kehrt öfter wieder.

5. November Zum 112. Jubiläum predigt Manfred Kock, der ehemalige Ratsvorsitzende der EKD, Köln. Der ehemalige hessische Landesdenkmalpfleger G. Kiesow hält um 14 Uhr eine Kirchenführung.

Aufgestellt für die Zukunft:
Die Ringkirche-
für Menschen in Wiesbaden

25. November Gerüstbegehung für Kirchenvorsteher u.a.

2007: Umbau ohne Ende

1. Februar   Die Küchenplanung der Gemeinde beginnt: Dimension? Wer arbeitet dort?

16.-18. Februar Hund Debbie und ich sind ein letztes Mal für das Krippenspiel beim Alten Oettinger in Erbach.

20. Februar   Für den Anbau wird das Richtfest gefeiert.

31. März   Kantorei mit Johannespassion von Heinrich Schütz in der Ringkirche.

15. April   Ein Essen wie bei Elisabeth von Thüringen.

23. April	Hund Debbie stirbt nach erfolglosem Versuch, ihre Organe wieder zu aktivieren in Bierstadt.
2. Mai	Küster Schorling und Gmelin montieren in der Reformatorenhalle Röschen. Am 15. August werden alle verschraubt – bis auf die sechs letzten.
Ab Juni	Mit dem Anbau wird die gesamte Rückfassade des Pfarrhauses mit Isoliermaterial verkleidet und neu angelegt.
30. Juni	In Zusammenarbeit mit dem Dekanat: Erinnerungsfeier 400 Jahre Paul Gerhardt.
Im Juli	Die Pfarrhaus-Balkone nach Norden werden wegen Baufälligkeit abgeschlagen und durch neue ersetzt.
Ab August	Die Treppenvorhalle des Pfarrhauses wird nach historischen Befunden wiederhergestellt. Der Pfarrsaal wird mit Akustikplatten gedämpft.
5. September	Nachdem sich die Eichendielen des Pfarrsaales durch die jahrzehntelange Überklebung mit PVC als völlig zerstört erweisen, wird ein neuer Eichenboden eingebaut.
7. September	Nacht der Kirchen, Dany Bober. Organisation der Küche ab 5.9.: Ich frittiere im Gartenhaus am 7.9. ab 11 Uhr Falafel. Sie sind rasch ausverkauft. Die Kirchenführung wird von fast 100 Personen besucht.
14. September	RAG hält in der Bergkirche einen Vortrag über Johannes Otzen. Später gibt es noch ein Podium aller Referenten am 14. Dezember.

27. September   Eine leistungsfähige Küche wird einge-
                baut, die mit zwei Herden auch größere Kapazi-
                täten bewältigen kann.
3. Oktober   Wandelkonzert St. Andreas Ring und Paulinen.
                Kielblock und andere
9. Oktober   Eine Dachbegrünung wird eingebaut. Graue Stühle
                mit Griff und Metalluntergestell werden geliefert
                samt dazu passenden Tischen.
                (Ende des jahrelangen Stuhlstreits...)
26.-28.10.   RAG und Johanna in Assisi beim heiligen Franz – in
                seinem Kloster - mit Rainer und Stephan.
28. Oktober   Am Tisch bei Martin Luther in der
                Reformatorenhalle.
4. November   Offizielle Übergabe des Pfarrhauses in einer
                Feierstunde nach dem 113. Jubiläumsgottes-
                dienst mit Stadtverordnetenvorsteherin
                Angelika Thiels†.
10. November Fauré-Requiem Kantorei /Kielblock.

2008: Suche nach neuer Normalität

19. Februar   Am Tag meines 50. Geburtstages im Opel-Zoo
23. Februar   Geburtstagsfeier. Sie ist überschattet, aber
                dennoch schön, zumal die äthiopische Gemeinde
                ein musikalisches Geschenk mitbringt.
30. März   Kunstsommer mit Skulpturen.
                Neuer Gemeindebus: (Mittlerweile verschrottet)

7. Juni	Kantorei unter Kielblock gibt den Christus von Mendelssohn-Bartholdy.
26.-29. Juni	Ich erarbeite im Schäferhof in Östrich, Rhg. das Krippenspiel 2008.
14.-16.August	3. KonfiCamp
5. September	Nacht der Kirchen: Rafik Schami stellt sein neues Buch vor, Der Kalligraph. RAG hat doppelt so viele Falafel gebraten wie im Vorjahr. Sie waren nach anderthalb Stunden ausverkauft…
6. September	Pilgerweg von Fronhausen nach Marburg in die Elisabethkirche.

20.Oktober   Auf der KV-Sitzung teilen bis auf vier Kirchen-
             vorsteher mit, dass sie für eine neue Kandidatur
             nicht zur Verfügung stehen. Damit sind neun neue
             Kandidaten zu suchen:

21. Oktober Der Benennungsausschuss konstituiert sich. Die
             Suche nach dem neuen Kirchenvorstand beginnt.

11. November Farfarello mit dem Schlachthof, Lightshow

2009: Neuer Kirchenvorstand

6. Januar   Gerüstbegehung
16. Januar   Kandidierende kennenlernen

März	Engel aus Ästen: Ausstellung eines bulgarischen Künstlers
21. Juni	KV-Wahl. Gewählt werden: Dr. Cornelia Beckert, Elisabeth Bert, Jan Brüggemann, Elke Flentge, Dr. Markus Gerhard, Martin Machenheimer†, Elfriede Mohr, Sebastian Schadow, Barbara Schulze-Falck, Hans-Henning Wiesner. Vorsitzende bleibt Elke Flentge.
25.-27. Juni	4. KonfiCamp
12. August	Pilgerweg zum Disibodenberg der Hl. Hildegard
11.September	„Kettcar" mit Schlachthof

27. September	Bundestagswahl
15.-19. Oktober	Krippenspiel schreiben im Alten Öttinger
27. Oktober	Letzte Sitzung des alten KV
1. November	Verpflichtung des neuen KV

2010: Gemeinde unterwegs

27./28. Februar   Konfi-Wochenende auf dem Wirberg

13./14. März   KinderChor Fahrt auf den Wirberg

21. März   Auf dem Festgottesdienst des Wiesbadener Knabenchores predigt der Kirchenpräsident, Dr. Volker Jung.

29. März   Orgelfahrt mit Besichtigung restaurierter Instrumente

15.-18. April   Visitationswochenende in Hattersheim mit Connie, Collie, Daniela und Barbara

7.-9.Mai   Konfifahrt

24. Mai   Familienpilgerweg

17.-19.Juni   5. KonfiCamp

Juli   Einstellung von Ibrahim Adem als Küster und Hausmeister (bis 2020).

3.September   Nacht der Kirchen: „Los 4 del Son" aus Havanna

23.Oktober   Pilgerweg - Bonifatiusroute bis Lißberg

11. Dezember   Weihachtsoratorium von J. S. Bach

31.Dezember Zum ersten Mal spielt Hans Kielblock sein „Orgelfeuerwerk". Dann jährlich.

2011: Ein normales Kirchenjahr

15. Januar   KV Seminar
16. Januar   Winterreise Texte und Bilder von Obdachlosen
15.-17. April Chorwochenende in Diez, Schloss
13.-15. Mai   Konfifahrt nach Diez
11.-12. Juni Probenwochenende in DJH Sankt Goar
16. Juni   Gemeindefahrt Keltenausstellung „Keltenwelt am Glauberg"
9. August   Einschulungsgottesdienst Blücherschule
25.-27.August   RAG sagt Teilnahme am KonfiCamp ab, wegen mangelnder Krisenplanung bei Unwettern (Starkregen war vorhergesagt)
2. September Nacht der Kirchen: Salim Alafenisch, Beduinengeschichten (Prof. Wolfgang Zwickel, Bibl. Archäologe im Publikum) RAG wird Regionalpfarrer der Johanniterunfallhilfe (bis ca. 2020)
11. Oktober   Folknacht mit dem Schlachthof

2012: Erinnerung an Bekenntnisstreit

11. März   Gottesdienstprojekt zum Auftakt von:
                      „Zwischen Widerstand und Anpassung –
                      Kirchenkampf in Wiesbaden" am Sonntag Okuli.
                      Aus RAGs Begrüßung:

„Wir schämen uns, dass nicht mehr Menschen aus dem Raum der evangelischen Kirche offen den Mut zum Widerstand hatten gegen das, was diesem Kampf folgte: Ausschluss der Juden aus der Kirche, Massenmord an Juden und Zigeunern und Kriegsgegnern, Kriegsvorbereitung, Hochrüstung und militärischer Überfall mit zahllosen Menschenrechtsverletzungen. – Dennoch lohnt es, an die Zeit von 1933/34 zu erinnern, in der sich die Kirche gespalten hat in der Frage, ob sie der vermeintlichen Modernität einer nationalsozialistischen Gegenwart folgen müsse, um die Jugend nicht zu verlieren,– oder ob sie umso energischer das Ihre suchen müsse, die Nachfolge hinter ihrem Herrn Jesus Christus. Es hat damals viele Antwortversuche auf diese Frage gegeben. Wir freuen uns, dass wir Wiesbadener Kirchengemeinden zum Auftakt dieser Predigtreihe hier unter uns den Kirchenpräsidenten der Evangelischen Kirche in Hessen und Nassau begrüßen dürfen. Herzlich willkommen, sehr geehrter Herr Kirchenpräsident, Dr. Jung! Hier in dieser Ringkirche gab es in der Zeit des sogenannten Dritten Reiches viel Streit. Hier war Pfarrer Wilhelm Hahn, eine Ikone der Bekennenden Kirche, die gegen den Nazi-Einfluss kämpfte, hier war der erste nassauische Pfarrer im Pfarrernotbund Martin Niemöllers, Wilhelm Merten, - aber hier wirkte auch der Nazidekan Walter Mulot und der mächtigste Mann der nationalsozialistisch unterwanderten „zerstörten Kirche" Nassau-Hessens, der Kirchenvorsteher, Jurist und spätere Präsident des Landeskirchenamtes Paul Kipper. Erinnern wollen wir in diesem Gottesdienst an einen Ringkirchenpfarrer, der damals der „Mitte" angehörte: Heinrich Peter. ..."

15. März   Einbruchdiebstahl in die Ringkirche. Verstärker, Altarbibel und ein Engel gestohlen.

30. März   Wiegenlieder

21./22. April   Kinderchor-Fahrt zur Domäne Hohlenfels. Koche zusammen mit Connie

27.-29.April   Visitation der Hattenheimer Gemeinde.

11.-13. Mai   Konfifahrt nach Hohlenfels

23. Mai   Gemeindefahrt ins Liebigmuseum in Gießen

28. Mai   Familien-Pilgerweg zum Pfingstmontag: „Wind".
              Jährlich wiederkehrend.

21.-23.Juni   6. KonfiCamp

26. Juni   Konfirmation

31.8.-2.9.   Probenwochenende Kantorei
7.September   Nacht der Kirchen, mit RAGs Rösti
18. September   Auswertung der Visitation

2013: Fusion

3. Januar   Folder zur Fusion mit der Stephanusgemeinde
              fertig
22. Januar   Erster Konfielternabend im Weinländer; gute
              Stimmung!

27. Januar   Gottesdienstbeginn in Stephanus mit Prozession und Gottesdienstende in der Ringkirche zur Fusion beider Gemeinden.(bis 2022)

31. Januar   Beginn regelmäßiger Gespräche über die Ausgestaltung der fusionierten Gemeinde; leider mit langfristig geringem Ertrag.

Von 2013 bis 2022 heißt die Gemeinde:
„Evangelische Ringkirchengemeinde Stephanuszentrum"

15.-17. Februar   Kantorei Probenwochenende in Bad Ems

3.-5. Mai   Konfifahrt – ab jetzt nach Langenseifen. Besuch der dortigen Kapelle. Das Leiterquartier:

20.-22.Juni 7. KonfiCamp

6. September   Nacht der Kirchen
24.September   RAG nach Darmstadt eingeladen zum Ordinationsjubiläum
31. Oktober Deine Burg wenns blitzt. Luther statt Halloween. Jährliches Angebot an Grundschulkinder

| Dezember | Für das Krippenspiel am Heiligen Abend wird der Liederzettel erstmals gedruckt (Grüne Hefte - bis 2023). |

2014: Profilierung

| Ab Januar | Monatliche Abendgottesdienste Sonntags um 18 Uhr: „Mit Gott im Ring!" Später wieder eingestellt. |

| 14. Januar | Angelo Branduardi spielt und friert in der Ringkirche |

| Monatlich | Mit einer Kommission mit Beate und Uwe erforschen wir, welche jüdischstämmigen Mitglieder der Ringkirchengemeinde während des Dritten Reiches ausgeschlossen wurden und welches Lebensschicksal sie getroffen hat. |

Eine der Überlebenden:
Else Sadowski; siehe auch
8.6.

Ab März	Arbeit am relaunch der homepage www.ringkirche.de
3. April	Verwaltungsvisitation
9.-11. Mai	Konfifahrt
7. Juni	ACK Stand - Mitarbeit beim Stadtfest
8.Juni	Eröffnung der Ausstellung „Ausgestoßen" Anbringen einer dauerhaften Gedenkplatte. (Zunächst am Felsen, später an der Wand im Westvorraum.)
10.-12. Juli	8. KonfiCamp

3.-5. Oktober	Krippenspiel schreiben in Bodenheim
19. Oktober	Gastprediger Arno Goßmann
2. November	120. Jubiläum, Gastpredigerin ist die Stellvertretende KP Ulrike Scherf

2015: Neuer Kirchenvorstand

Im. Februar Nach dem Wunsch der bisherigen Konfis, auch eine einheitliche Kluft zu haben, wie sie andere Gemeindekonfis tragen, habe ich ein Kapuzenshirt entworfen, dass sich seither großer Beliebtheit erfreut:

18./19. April Kinderchorfahrt nach Langenseifen
26. April Kirchenwahl. Es werden gewählt: Stefan Knut Bauer, Jan Brüggemann, Elke Flentge, Dr. Ingrid Fröhlich, Dr. Michael Gnade, Barbara Hase, Elfriede Mohr, Sebastian Schadow, Dr. Thomas Schultz-Krutisch, Barbara Schulze-Falck, Andreas Theen, Beate Wolff-Quellmann, Martin Wollweber. Vorsitzende wird Elke Flentge.

8.-10. Mai	Konfifahrt nach Langenseifen. Vorstellung erstmals nicht im Anschluss, sondern ab jetzt immer an Christi Himmelfahrt (bis 2023).
19. Mai	Arbeitsgerichtsprozess gegen die Gesamtgemeinde wegen der Kündigung der Kita Leitung, geht verloren: Darum darf RAG sich künftig nicht mehr um die Kita kümmern darf. Statt seiner wird Dr. Reder diese Arbeit übernehmen.
9.-11. Juli	9. KonfiCamp
16. Juli	Gemeindefahrt nach Bad Ems. Vesper mit Lahnwein:

13. September	Einführung des neuen KV im Gottesdienst
Oktober	Beginn der Orgelrestaurierung

2016: Ein ereignisreiches Jahr – ohne Orgel

6. Januar	Giora Feidman spielt mit vier russischen Cellisten in der Ringkirche.

20. Januar   Judas wird aufgeführt mit Staatstheater
mit Jürg Wisbach

3. Februar   Joshua Radin Konzert mit dem Schlachthof
März   Bei der Orgelrestaurierung werden die Pfeifen
ausgebaut und aufbereitet.
13. April   Gemeinschaftsarbeit: Das Orgelgehäuse reinigen

15. April	Ich erarbeite im Rahmen der „Stadtteil-historiker" eine Abhandlung über den ehemaligen Ringkirchenpfarrer und Schriftsteller Fritz Philippi und ein dazu nützliches Lesebuch.
29.4.-1.5.	Konfifahrt nach Langenseifen
7. Mai	Ein Bläserkreis der Partnergemeinde Görlitz konzertiert in der Ringkirche und spielt auch am darauffolgenden Sonntag im Gottesdienst.
30.6.-2.7.	10. KonfiCamp (erster Einsatz der blauen Hoodies)

Mitte August Krippenspiel verfasst

2. September N.d.K. mit Georg Magirius, Lesung…
18. September   Einweihung der restaurierten Orgel.

Am Pult:
Orgelbauer Gerhard Lenter sen. †

24. September   Orgelmarathon

6. Oktober   Dreipfarrerflug von Finthen über Wiesbaden und
                die Ringkirche

2017: Ein ruhigeres Jahr –
neben der Philippi-Forschung*

*s.o. Herausgabe und Autorenschaft von zwei Bänden über Fritz Philippi

9. Januar	Aktion: Ringkirche aufräumen
18. Januar	Ich übernehme ehrenamtlich die Studenten-seelsorge für die Hochschule Rhein-Main an der Seite des katholischen Kollegen Herbert Poensgen. Bis zu dessen Ausscheiden auch noch aktiv…
27. Januar	Konzert Viva Voce
11. März	Stadtteilhistoriker im Rathaus.
21. März	Semesteranfangsgottesdienst in St. Bonifatius
12.-14. Mai	Konfifahrt nach Langenseifen
26. Mai	Pfarrerssohn Willi Hermann Merten kommt mit Kindern und Enkeln zu einer Führung ins Pfarrhaus seiner Kindertage.
5. Juni	Familienpilgerweg am Pfingstmontag mit zwei Taufen
22.-24. Juni	11. KonfiCamp
31. August	Abgabe der Philippi-Arbeit
1. September	Odo Herlynk in der Nacht der Kirchen; es gibt Pellemännchnen mit Quark.
9. September	KV-Tag

7.-15. Oktober   Reise nach Friedrichshafen, danach
                       Krippenspiel -Erarbeitung in Bodenheim

31. Oktober   Reformationstag, großes Lutherfest

2018: Abschied von Sunny Panitz

28. Januar   Großer Verabschiedungsgottesdienst für Sunny
Panitz., als Ringkirchenpfarrer, Stellv. Dekan und
Vorsitzender der Gesamtgemeinde Wiesbaden

Wir verlieren einen langjährigen engagierten
Kollegen, aber behalten einen Freund.

4. Februar   „Spürbar Sonntag", Einführung der
Kirchenvorsteherin Herta Sütterlin
19. Februar   12 Uhr Essen für Mitarbeitende
zu meinem 60. Geburtstag
23. März   Kirchenführung für Freimaurerloge Plato
9. April   Bewerbergespräche für die ausgeschriebene
Pfarrstelle
15.+22 April Bewerbungsgottesdienste

4.-6.Mai   Konfifahrt nach Langenseifen
17.Mai   Gemeindefahrt zur Landesgartenschau in Bad
             Schwalbach
21. Mai   Pfingst-Familienpilgerweg, „Feuer und Flamme"
39.5.-3.6.   Eyba und Weimar: Erarbeitung des Krippenspiels

14.-16.Juni 12. KonfiCamp

24.Juni   Gramenz, Karthäuser, Konzert mit Wiegenliedern

Mit Freund Markus einen Türöffner an die Pfarrhaustür
             eingebaut. Er wird 2023 an der am Boden
             schrappenden Tür scheitern. Solange hilft er
             jedem ins Haus…

7. September Nacht der Kirchen, Texte und Lieder zum Ende des
             Ersten Weltkriegs zusammen mit Barbara Hase,
             Uli Weber, Luna Bungard, Iris Meinert, Barbara
             Schulze-Flack, Texte, Lieder von Andreas
             Karthäuser und Sabine Gramenz
8. September Alte Bekannte,
             Konzert mit den Resten der Wise Guys

9.September Hund Oscar geholt.

27. Oktober Hubertusmesse um 18 Uhr
10. November KV-Tag Jahresplanung

Dezember	Container 12 qm zur Frage der Obdachlosigkeit auf der Riki-Terrasse

2019: 125 Jahre Ringkirche – ein Jubiläumsjahr

Im Vorfeld:	Erarbeitung von Ausstellungsbannern zu den Epochen der Gemeindegeschichte.

monatlich	Jubiläumsgottesdienste zu den Epochen der 125 Jahre Ringkirche. Analog zur Ausstellung über die Gemeindegeschichte, die seit Januar im Kirchenraum steht.
20. Januar	Erster Jubiläumsgottesdienst über die Zeit des Kaiserreiches. Und Eröffnung der Ausstellung. (bis 26. November)
25. Januar	Gespräch mit Hrn. Heinen vom Societätsverlag Frankfurt über das Ringkirchenbuch zum 125. Jubiläum. (in der Gemeinde erhältlich...)

27. Januar	Gottesdienst mit dem Fest des Knabenchores mit Pfr. Roland Falk und mir.
30. Januar	KonfiEltern im Weinländer
10. März	Einführung von Margarete Geißler durch Dekan Dr. Mencke
10.-12.Mai	Kinderchorfahrt nach Langenseifen
24.-26. Mai	Konfifahrt nach Langenseifen
19.-21. August	Einbau eines neuen Verstärkers in die Ringkirche.
29.-31. August	13. KonfiCamp
2. September	Bilanzierung der Gemeindepädagogenstelle
6. September	Nacht der Kirchen: Rock im Ring mit Sophia Kartoffelspiralen frittiert. Guter Absatz…
20. Oktober	Letzter Jubiläumsgottesdienst, Nationalistische Renaissance? Und zugleich die fast 20 Jahre, die wir persönlich in die Ringkirche investiert haben…
28. November	Die Ringkirchenheizung streikt und kann bis zur Jubiläumsfeier nicht repariert werden. Kühles Fest:
2. November	Das 125jährige Jubiläum beginnt mit einer Buchvorstellung, bei der das Buch nicht dabei ist. Der Societätsverlag hat die vereinbarten Fristen nicht eingehalten. Dr. Viola Bolduan moderiert ein munteres Gespräch mit Manfred Gerber (Text), Axel Sawert (Fotos) und mir (Beratung). Es folgt ein Orgelkonzert.

3. November	Jubiläumsgottesdienst mit der Bundesministerin i.R. Heidemarie Wieczorek-Zeul (einer Schulfreundin der vor kurzem verstorbenen Helga Trösken). Trotz der Heizungsmisere große Festfolge mit gutem Zuspruch. Abends Duo Camillo (Kabarett).
Seit Herbst	Beginn der Bauarbeiten zur Restaurierung der Ringkirchenterrasse. Baukommissionen jeweils Dienstags alle 14 Tage. Die Arbeiten gehen Mitte Dezember in den Winterschlaf...
22. November	Die avisierten Bücher kommen immer noch nicht; wurden nach Erfurt geliefert...
23. November	Krippenspiel Workshop mit Pizzaessen
25. November	Zontas lässt die Fa. Geib die Ringkirche bonbonrot illuminieren. Für eine gute Botschaft...
26. November	Mit Konfis die Ausstellung in den Turm transportiert und dort wieder aufgestellt. (Mittlerweile vom Winde zerfetzt...)
28. November	Die Bücher werden angeliefert. Die Europalette passt nicht durch die Archivkellertür. Mit Petra. Höhne und Francisus v.d. Berg alle Bücher hineingetragen...
1.Dezember	Das neue Kirchenjahr beginnt mit Einzelkelchen mit Traubensaft in der ersten „Runde". Ca. die Hälfte aller Kommunizierenden wählen diese Form. - Keine glückliche Entscheidung.
2./3. Dez.	Ich baue eine Induktionsschleife um den südlichen Mittelblock ein, am 3.12. mit Konfis - am 8. Dezember mit Krampen fixiert.

6.Dezember	Der Hessische Rundfunk macht Aufnahmen eines Konzertes mit der Schlagersängerin Ella Endlich für eine Sendung am Heiligen Abend.
8. Dezember	Das Ringkirchenbuch wird jetzt noch einmal leibhaftig vorgestellt mit dem gleichen Team wie während des Jubiläums. Bis zum Abend beim Orgelkonzert mit Hans Kielblock sind einige Exemplare verkauft worden.

2020: Im Bann von Covid - 19

	Zum Teil fiel der Konfirmandenunterricht ganz aus, dann wurde er digital eingerichtet, das KonfiCamp wurde abgesagt. Den Schulunterricht habe ich beendet.
25. Januar	Keller des Pfarrhauses ausgeräumt.
5. Februar	Lasse für den gestohlenen Opferstock die alten Opferstöcke aufarbeiten. Ich bringe sie zum Metallbauer zum Sandstrahlen und lackiere sie farblos. Wurden 2023 wiederum demontiert und gestohlen.
8. Februar	KV – Tag in Versöhnungsgemeinde
8. März	Bettina Fuchs zum letzten Mal mit Fuchs in „mit Kindern Gott feiern"
22. März	„Spürbar Sonntag"
März	Baustelle Terrasse um die Ringkirche, Pflasterung, erster Bauabschnitt.
13.März	Die Corona-Epidemie erreicht den Gemeindebetrieb. Erstellung und Anbringung zahlreicher Aushänge, Aufkleber und Karten.
20. März	Erste Dienstbesprechung als Video-Konferenz

22. März 2020 Zum Sonntag LÄTARE: In Youtube
Digitale Andacht vorbereitet mit Kantor Hans
Kielblock, Orgel und Annette Franz-Riedel,
Gesang. „Ich will euch trösten, wie einen seine
Mutter tröstet"

1. April   Der Wiesbadener Kurier informiert über die
digitalen Angebote der Ringkirchengemeinde
unter www.ringkirche.de

9.- 13. April Passions- und Ostergottesdienst nur digital,
Lockdown.

29.Oktober   Mit Kordeln einen distanzgewährenden Betrieb in
der Ringkirche vorbereiten. Hygienekonzepte
bestimmen den Rahmen.

30.November Container – Ringkirchenkeller entrümpeln.
Weitgehend allein geschleppt, Küster krank
gemeldet...

24. Dezember Um in der reduzierten Ringkirche möglichst vielen
Familien die Teilnahme am Krippenspiel zu ermög-
lichen, wurden zwei Aufführungen durchgeführt.

2021: Corona und kein Ende

ab Januar   noch immer kennzeichnen gelbe Karten und
Sitzkissen die „erlaubten" Plätze, noch immer
muss im Gottesdienst ein Mundschutz getragen
werden.
Bleibend wird wohl auf absehbare Zeit sein, dass
das Abendmahl mit Einzelgläschen /-kelchen
eingenommen wird.

2. April	Video-Abendmahl an Gründonnerstag. Die Elemente, Brot und Wein stellen sich die Teilnehmenden selbst bereit.
Mai	Die Konfi-Fahrt und das KonfiCamp fielen aus.
13. Juni	Kirchenvorstandswahl (hybrid, mit besserer Wahlbeteiligung). Gewählt werden: Matthias Brunkhorst, Nadine Dill, Elke Flentge, Ingrid Fröhlich, Michael Gnade, Hannelore Heller, Konstanze N'Guessan, Thomas Schultz-Krutisch, Barbara Schulze-Falck, Ulrike Weber, Beate Wolff-Quellmann, Martin Wollweber. Vorsitzender wird Dr. Thomas Schultz-Krutisch.
3. September	Nacht der Kirchen mit Hygienedienst
5. September 2021	Konfirmation auf dieses Datum verschoben – in der Hoffnung, dass bis zum Herbst keine Corona-Beschränkungen mehr gelten – leider kam es anders.
12. September	Der neue Kirchenvorstand wird im Gottesdienst eingeführt.
24.Dezember	Noch einmal mit zwei Krippenspielen und Teilenahme-Beschränkung

2022: Tauwetter, eine heruntergefahrene Normalität kehrt zurück

13 Februar	Gottesdienst am Band-Sonntag
24.2.	Erster Kriegstag, russischer Überfall auf die Ukraine. Gestalte Plakat mit Motiv von Keith Haring für Schaukasten.
2.-5.Mai	Persönlicher Umzug aus An der Ringkirche 3

13.-15. Mai   Konfi-Tour nach Langenseifen Johanna und Sophia helfen Kochen.

10.-12. Juni   Kinderchor nach Langenseifen: Kochlöffel

26. Juni: Freiluft-Gottesdienst im Wellritztal

30. Juni – 3. Juli   14. KonfiCamp

11. September   Führung durch die Ringkirche am Tag des offenen Denkmals

9. Oktober   Ich stelle die drei Bände über die Baugeschichte der Ringkirche im Stadtmuseum am Markt vor: „Baustelle Ringkirche"

24. Dezember   Eine Aufführung des Krippenspiels um 16 Uhr.

2023: Das letzte Jahr, zahllose Abschiede

Vakanzvertretung in der Johannesgemeinde bis 27.7.23

9. Januar   Ich falle aus bis 13. Februar.

3.-5. März   Kinderchorfahrt nach Langenseifen, Kochen zusammen mit Cornelia und einer Mutter

19. März   „Spürbar Sonntag"

9. April   Endlich wieder ein normales Osterfest!

29. Mai   Traditioneller Pilgerweg zur Fasanerie

4. Juni   „Die letzte Konfirmation"

13. Juni   Beginn des letzten neuen Konfi-Kurses Ich begleite ihn bis zum 19.12.

6.-8. Juli   15. KonfiCamp, das letzte Mal für mich! Wegen der unabgesprochenen Umverlegung unseres Zeltplatzes auf dem Campgelände: Zum Glück!

Am 23. und 27. 7. Konzerte des Rheingau Musik Festival

8. September Nacht der Kirchen, Falafel - Teller zusammen mit Frau Alp, Paul, Johanna und Zoe. Sehr guter Absatz.
(Sephardische Lieder im Hauptprogramm)

30. September Flohmarkt, Kirchen- und Turmführung
Oktober Letzte Bauphase an der Terrasse der Ringkirche, die Überfahrt im Osten. Die Steinbalustrade und die Treppe werden gereinigt und neu fixiert. Das Pflaster wird erst 2024 erneuert...

5. November 129. Jubiläum der Ringkirche:
Verabschiedung von Petra Höhne als Gemeindesekretärin
Gastpredigerin: Arami Neumann als neue Dekanin.

24. Dezember Letztes Krippenspiel mit mir nach zahllosen Aufführungen mit der Musik von Hans Kielblock.

Probenarbeiten zu
„Zur Krippe herkommet", 2023;
Anerkennung durch Margarete Geißler.

2024: Das offizielle Ende

29. Februar Mein letzter Amtstag.

3. März 2024 Verabschiedung durch den Propst der Propstei Rhein-Main, Oliver Albrecht

Zu den erst kürzlich als Werke des Jugendstilmeisters Ernst Riegel entdeckten Altarparamenten schuf die Textilwerkstatt Darmstadt das Pultparament und ein Kanzelparament nach meinem Entwurf. Hier die grünen...

Beispiele von Predigten
in der Ringkirche von 2004 bis 2022

„Gemeinsam auf das Kreuz schauen"
Ringkirchenpredigt für den Sonntag Sexagesimae am 15. Februar 2004

Dies ist die älteste erhaltene Predigt, da ich die Predigten zuvor mit einer anderen Software geschrieben habe, für die ich später keine Lesemöglichkeit mehr gefunden habe. Die einstmals papieren aufgehobenen Gottesdienstvorlagen wurden beim letzten Umzug entsorgt...

Gnade sei mit Euch und Friede von Gott unserem Vater und dem HERRn Jesus Christus.

Ein Brief von Paulus an die christliche Gemeinde in Rom beschreibt, wie das Leben in der christlichen Gemeinde aussehen soll. Paulus schreibt im 12. Kapitel des Römerbriefs: *(Römer 12,9-16)*

Die Liebe sei ohne Falsch.

Hasst das Böse, hängt dem Guten an.

Die brüderliche Liebe untereinander sei herzlich.

Einer komme dem andern mit Ehrerbietung zuvor.

Seid nicht träge in dem, was ihr tun sollt.

Seid brennend im Geist.

Dient dem Herrn.

Seid fröhlich in Hoffnung, geduldig in Trübsal, beharrlich im Gebet.

Nehmt euch der Nöte der Heiligen an.

Übt Gastfreundschaft.

Segnet, die euch verfolgen;

segnet, und flucht nicht.

Freut euch mit den Fröhlichen und weint mit den Weinenden.
Seid eines Sinnes untereinander.
Trachtet nicht nach hohen Dingen,
sondern haltet euch herunter zu den geringen.
Haltet euch nicht selbst für klug.
HERR, tu meine Lippen auf, dass mein Mund DEINEN Ruhm
verkündige, Amen.

Liebe Gottesdienstgemeinde,
das klingt wie eine Kritik des 21. Jahrhunderts, eine Kritik der
Weltraumabenteuer der gegenwärtigen Menschheit und eine Kritik der
technischen Dimension unserer Gegenwart:
„Trachtet nicht nach *hohen* Dingen,
sondern haltet euch *herunter* zu den geringen.
Haltet euch nicht selbst für klug."

Unter mir, in der Sakristei hängt ein großes Bild aus dem Jahr 1894. Auf
der Leinwand ist ein Goldgrund aufgetragen, auf dem in altertümlichen
Lettern der Satz zu lesen ist:
„Denn ich hielt es für richtig, unter euch nichts zu wissen als allein Jesus
Christus, den Gekreuzigten."
Es ist der Predigttext von einer der beiden ersten Predigten, die in dieser
Kirche gehalten wurden.-

Wir dürfen annehmen, dass dieser Text vermutlich von dem damaligen
Pfarrer, Lothar Friedrich, ausgewählt wurde, um seiner Zeit zu sagen: Auch
stolze Zeiten, die ein so großartiges Bauwerk wie diese Ringkirche
hervorbringen, müssen sich damit bescheiden, dass nur Jesus Christus der
Gekreuzigte zählt und nicht Menschenwitz und –kunst, nicht
handwerkliche Präzision und visionäre Neuerungen.

Aber dieser Satz stammt ja nicht aus dem Jahr 1894, sondern aus einem alten Brief, den Paulus an die Christen in der Hafenstadt Korinth schrieb. In diesem Brief heißt es: *1.Korinther 2,1-5*

„Auch ich, liebe Brüder,
als ich zu euch kam,
kam ich nicht mit hohen Worten
und hoher Weisheit,
euch das Geheimnis Gottes zu verkündigen.
Denn ich hielt es für richtig,
unter euch nichts zu wissen
als allein Jesus Christus, den Gekreuzigten.
Und ich war bei euch in Schwachheit
und in Furcht und mit großem Zittern;
und mein Wort
und meine Predigt
geschahen nicht mit überredenden Worten menschlicher Weisheit,
sondern in Erweisung des Geistes und der Kraft,
damit euer Glaube nicht stehe auf Menschenweisheit,
sondern auf Gottes Kraft.

Hohe Worte, hohe Weisheit, hinter vorgehaltener Hand raffinierte Geheimnisse raunen, die wenig mit Gott zu tun haben, aber viel mit der Arroganz des Wissenden: So schrecklich anders scheinen die Menschen zur Zeit des Paulus - so um 60 nach Christus - nicht gewesen zu sein.
Paulus muss darauf hinweisen, dass es auf Gottes Kraft ankommt und nicht auf perfekt gestylte Redekunst.
Lothar Friedrich ermahnt die nagelneue Ringkirchengemeinde 1894, dass es nicht auf menschliche Raffinesse, sondern auf den Gekreu-zigten ankommt. -
Als ich über eine Predigt für diesen Sonntag nachdachte, war in mir der Wunsch wach, über den Jubilar dieser Tage zu sprechen: Immanuel Kant ist am 12. Februar vor 200 Jahren gestorben. Ein reizvoller Anlass über das zu predigen, was die *Aufklärung* gewollt hat und was aus ihr geworden ist,

um darüber nachzudenken, wie sich der christliche Glaube mit dem philosophischen Denken verträgt. Die Aufklärung, die von diesem Sohn eines pietistischen Handwerkers aus Königsberg so viel empfangen hat! Aber nachdem ich dann den Predigttext gelesen hatte, war Kant in die Schublade zurückgerutscht: Wie soll man über den Philosophen reden, wenn nicht mit den Worten überredender Weisheit, als einer, der sich selbst für klug hält?

Nein: Die Konzentration auf Jesus Christus ist von dem heutigen Predigttext gefordert und da ist kein Ausflug in die Philosophie erlaubt:

„Trachtet nicht nach hohen Dingen,
sondern haltet euch herunter zu den geringen. Haltet euch nicht selbst für klug."

Dieser Zwang zur Bescheidenheit ist sicherlich immer und zu allen Zeiten unpopulär. Dieses eine Bild vom gekreuzigten Gott ist unschön und bedrückend. Dass aber dieses Bild ein Bild der Liebe ist, das macht es inspirierend.

Wenn Gott das Fürchterliche für Dich auf sich nimmt, dann geht von dem Bild des gekreuzigten Gottes eine ungeheure Kraft aus, die stärker ist, als jede Philosophie und stärker als die Raketentriebwerke, die unser Universum mit Weltraumschrott versorgen.

Paulus versorgt uns mit guten Ratschlägen, wie wir das Kleine richtig tun können, wie wir unseren begrenzten Beitrag leisten können, dass nicht alles beim immer Verkehrten bleibt:

„Die Liebe sei ohne Falsch.

Hasst das Böse, hängt dem Guten an.

Die brüderliche Liebe untereinander sei herzlich. Einer komme dem andern mit Ehrerbietung zuvor.

Seid nicht träge in dem, was ihr tun sollt.

Seid brennend im Geist.

Dient dem Herrn.

Seid fröhlich in Hoffnung, geduldig in Trübsal,
beharrlich im Gebet.

Nehmt euch der Nöte der Heiligen an.

Übt Gastfreundschaft.
Segnet, die euch verfolgen;
segnet, und flucht nicht.
Freut euch mit den Fröhlichen und weint mit den Weinenden.
Seid eines Sinnes untereinander."
Warum soll ich das tun?
Die Frage der Vernunft bohrt und fragt nach dem Nutzen und den Kosten.
Die Frage der Vernunft verstummt, wenn ihr das Bild des liebenden Gottes
vor Augen steht, der für seine Liebe den Tod am Kreuz auf sich nimmt.
Darum geht es los mit dem Blick auf das Kreuz.
Darum kommt Christsein eben nicht völlig ohne den Gottesdienst aus:
Weil wir gemeinsam auf das Kreuz schauen und durch diesen Blick Mut
zum Guten bekommen sollen. Den Mut, den uns die Vernunft allein nicht
verleihen will – weil sie immer danach fragt, was es mir nützt.
Immanuel Kant hat gewusst, dass die Vernunft bohrend fragt, was ich denn
davon habe, wenn ich mich nach dem Guten richte, während mich der Rest
der unheiligen Welt betrügt. Darum hat er eine raffinierte Regel
aufgestellt:
„Tue das,
wodurch du würdig wirst,
glücklich zu sein."
Er weiß genau, dass ich durch gutes Handeln nicht automatisch glücklich
werde. Aber er lässt mich danach streben, dass ich dem Glück würdig bin.
Am Ende der philosophischen Vernunft steht bei Immanuel Kant die
Abrechnung im Jenseits: Weil diese Welt ungerecht ist, und die Guten
nicht belohnt, muss es vernünftigerweise einen Gott geben, der die wirklich
Guten nach dem Tode gerecht behandelt.
Wir müssen dieser schlauen Argumentation des Philosophen nicht folgen.
Uns genügt der Blick auf das Kreuz, an das sich Jesus Christus schlagen
lässt.
Aus Liebe.
Gott schenke DU uns den Blick auf DEIN Kreuz,

denn DEIN Friede, welcher höher ist denn alle Vernunft, bewahre unsre Herzen und Sinne in Christo, Jesu, Amen.

„Gottesbeweis oder Glaube"
Ringkirchenpredigt für den zweiten Sonntag nach dem Christfest, am 3. Januar 2010

Die Auseinandersetzung mit dem Glauben hat insbesondere in der amerikanischen Literatur viele geistvolle Texte hervorgebracht. Einer, von John Updike, wird hier in der Predigt zum Zeichen, dass der Glaube ein Wert für sich ist...

Friede sei mit Dir von Gott unserem Herrn und dem Herrn Jesus Christus. Lasst uns hören auf die Worte der heiligen Schrift, wie wir sie aufgezeichnet finden im 1. Johannesbrief im 5. Kapitel:
„Und das ist das Zeugnis,
dass uns Gott das ewige Leben gegeben hat,
und dieses Leben ist in seinem Sohn.
Wer den Sohn hat, der hat das Leben;
wer den Sohn Gottes nicht hat,
der hat das Leben nicht.
Das habe ich euch geschrieben,
damit ihr wisst, dass ihr das ewige Leben habt,
die ihr glaubt an den Namen des Sohnes Gottes."
HERR, tu meine Lippen auf, dass mein Mund Deinen Ruhm verkündige, Amen.

Liebe Gottesdienstgemeinde,
ihr habt das ewige Leben, wenn ihr an den Sohn Gottes glaubt.
Wenn ihr an Jesus Christus glaubt erhaltet ihr Anteil an Gottes ewigem Leben.

Anders herum, wenn Gott nur in Eurem Hirn existiert, dann ist Euer Glaube ein Irrtum, denn das Gehirn wird mit Euch sterben und dann bleibt nichts übrig von Eurer Verheißung.

Das, was heute hoch intelligente Naturwissenschaftler an Kritik und Widerspruch gegen alle Formen der Religion vorbringen, das ist im Grunde nicht neu. Neu ist bloß, dass einige von ihnen wirklich meinen, sie seien so schlau, dass ihre Lehrmeinung für immer unwidersprochen bleiben müsse. In solchen Haltungen kommt in der Sprache der Bibel die „Ursünde" des Menschen zum Ausdruck: Dass wir sein wollen wie Gott. Schon Paulus vor 1900 Jahren kannte das Problem:
„Denn weil die Welt, umgeben von der Weisheit Gottes, Gott durch ihre Weisheit nicht erkannte, gefiel es Gott wohl, durch die Torheit der Predigt selig zu machen, die daran glauben. Denn die Juden fordern Zeichen und die Griechen fragen nach Weisheit, wir aber predigen den gekreuzigten Christus, den Juden ein Ärgernis und den Griechen eine Torheit." *(1. Kor. 21ff)*

Im Grunde seit den Tagen von Charles Darwin gibt es immer wieder überhebliche Attacken gegen religiöse Grundlegungen menschlichen Lebens. Die Methoden von heute sind etwas verfeinert, aber die Grundannahme läuft immer wieder auf das Gleiche hinaus: Der Mensch ist nichts anderes als ein Tierwesen, das von der Evolution mit besonderen Gaben ausgestattet ist. Alles, was der Mensch tut und denkt ist seinen Neuronen eingeschrieben und damit läuft die Weltgeschichte ab wie ein Uhrwerk, wo jeder das tut, was ihm aufgegeben ist. Seit den Zeiten des Paulus gab es immer die Überzeu-gung unter Christen, dass Gott sich seine Gläubigen selbst aussucht. Dass es so etwas wie eine Vorherbestimmung oder Prädestination wirklich gibt. Paulus weiß, dass es Leute gibt, wo eine leidenschaft-liche Predigt nur auf Kopfschütteln stößt.
Er schreibt:
„Denen aber, die berufen sind, Juden und Griechen, predigen wir Christus als Gottes Kraft und Gottes Weisheit. Denn die Torheit Gottes ist weiser,

als die Menschen sind, und die Schwachheit Gottes ist stärker, als die Menschen sind."

Dass die Predigt uns dem Glauben näher bringt, ist abhängig von der „Berufung". Wenn Gott uns nicht zum Glauben beruft, dann können wir keinen eigenen Weg zum Glauben finden. Ich möchte Ihnen hier eine Szene vorstellen, die der im Januar des vergangenen Jahres verstorbene amerikanische Schriftsteller, John Updike, bereits 1986 in einem Roman dargestellt hat.
(1986 – Roger's Version (dt.: Das Gottesprogramm, 1988)
Wir schauen in das Dienstzimmer eines amerikanischen Professors: Dr. Lambert lehrt an der theologischen Fakultät einer amerika-nischen Universität. Eigentlich lehrt er Patristik, also frühe Kirchen-geschichte. Hier hat er einen ungebeteten Gast, der ihn davon über-zeugen möchte, ein wissenschaftliches Projekt im Hinblick auf Gott zu unterstützen:

„Dr. Lambert, finden Sie es denn nicht aufregend, was ich zu erklären versucht habe? Gott bricht durch. Jahrhundertelang haben wir an der physikalischen Realität gekratzt, und nun ist die Schicht des wenigen, das wir noch nicht verstehen, so dünn geworden, daß uns Gott durch sie hindurch ins Auge blickt."-
„Das klingt ziemlich abschreckend, ehrlich gesagt. Wie ein Gesicht hinter einer Badezimmertür aus Mattglas. ..."

Kohler beugte sich bedrohlich nach vorn, sein geflecktes Kinn ver-zerrte sich unter dem Druck der Überzeugung. „Wenn Gott", sagte er, „tatsächlich das Universum erschaffen hat, dann muß sich diese Tatsache schließlich auch offenbaren. Andersherum gesagt: Gott kann sich nicht länger verstecken." -
„Wenn Er allmächtig ist, so scheint es mir durchaus in Seiner Macht, sich auch weiterhin zu verstecken. Ich bin mir auch nicht so sicher, ob es nicht ein wenig ketzerisch von Ihnen ist, die Tatsache Gottes mit einer Menge anderer Tatsachen in einen Topf zu werfen. Selbst Thomas

von Aquin hat wohl keinen Gott postuliert, den man krei-schend und um sich schlagend aus einem Labor gleich hinter der Hörsaaltafel herauszerren kann."

„Sie sind satirisch", sagte der junge Mann. „Aber wissen Sie auch, warum?... Weil Sie Angst haben. Sie wollen nicht, daß Gott sichtbar wird. Die meisten Leute wollen das nicht. Was sie wollen, ist weiter-wursteln auf ihre menschliche, schmuddelige, verschlagene und ver-gnügliche Art. Sie wollen ihre Wochenendausflüge machen und ihr Bier trinken und Gott hübsch brav in der Kirche lassen, falls sie un-terwegs mal reinschauen, und bestenfalls darf Er sie am Ende aus dem Schlamassel herausziehen, durch diesen Tunnel aus Licht, von dem all die klinisch Toten erzählen. ... Habe ich denn nicht recht, Sir? Ihnen graut vor der Vorstellung, Gott könnte bewiesen werden."

„Mir graut, wenn überhaupt, vor all der Blasphemie, die Ihnen so selbstverständlich über die Lippen geht."

„Warum soll das Blasphemie sein? Warum gilt es heutzutage als gotteslästerlich, die Möglichkeit in Betracht zu ziehen, daß Gott ein Faktum ist?" „Ein Faktum in unserem Leben, das ja, ein spirituelles Faktum." — „Das ist dasselbe wie ein virtuelles Teilchen. Ein Stück heiße Luft."

Ich seufzte und wünschte inständig, der Bursche wäre nie geboren worden. Dieses Dickicht von Vermutungen über das Absolute und Unwißbare, das er so bewegt skizziert hatte, erinnerte mich an ... jene dunklen, frühen Jahrhundete voller leidenschaftlicher Eremiten und widerspruchsbereiter Kirchenmänner, die Stürme feiner Unterschei-dungen hin und her wogen ließen zwischen Athen und Spanien, zwi-schen Hippo und Edessa. ... Blutgetränkte Grenzziehungen, zu Staub geworden wie die Knochen ihrer Propheten, all diese grandiosen und gebetserfüllten Versuche, die göttliche Substanz zu enthäuten, zu zerteilen und zu obduzieren.

„Die christliche Kirche", begann ich, hielt aber inne, um den Jungen zu fragen: „Halten Sie sich selbst für einen Christen?" -

„Absolut. Der Herr ist mein Heiland." Mich ekelte vor der kalt-äugigen, inbrünstigen Art, mit der er es aussprach. Daheim wurden solche

Platitüden auf Scheunentore gepinselt oder auf Zierkissen gestickt. Ich sagte: „Die Kirche lehrt, so glaube ich, und das Alte Testament beschreibt einen Gott, der handelt, der zu uns kommt in Offenbarung und Erlösung, und nicht einen Gott, der das Univer-sum in Betrieb gesetzt hat und sich seither versteckt. Der Gott, mit dem wir es an dieser theologischen Fakultät zu tun haben, ist der le-bendige Gott, der aus eigenem Willen und aus Liebe zu uns Men-schen kommt und über all die babylonischen Türme lacht, die wir Ihm zu Ehren errichten." ... „Wir sind fast am Ziel, Professor Lambert, und weil die Wissenschaft so lange atheistisch war, will sie es nicht wahrhaben. Sie brauchen jemanden wie mich, der willens ist, die Neuigkeit zu verkünden — der alle Beweise sammelt und sie durch den Computer schickt. Ein Computer, wissen Sie, ist im Prin-zip eine ganz simple Maschine, aber er macht seine simplen Sachen so schnell, daß man große Gebäude damit bauen kann—"

Ich fiel ihm ins Wort:

„Es ist ganz sicher auch zu einfach, alle Wissenschaftler zu Atheisten zu stempeln. *Arthur Stanley Eddington*[3] war keiner, und *Newton*, soweit ich mich erinnere, war sogar ein religiöser Eiferer. *Pascal* und *Leibniz. Einstein* meinte, daß Gott nicht würfelt."-„Ja, ein paar hat's gegeben, sicher. Aber im großen und ganzen — Sie haben mit diesen Burschen ja nicht so viel zu tun wie ich, tagtäglich. Für die große Mehrheit ist die Vorstellung, daß etwas weder Zufall noch Materie ist, einfach undenkbar. Sie hassen es. ... - Geben Sie mir grünes Licht für mein Projekt?" - „Nicht im geringsten. Es ist nicht meine Aufgabe, Ihnen irgendein Licht zu geben. Wenn Sie sich um ein Forschungsstipendium bewerben wollen,... dann finden Sie die nötigen Formulare im Studentensekretariat im Erdgeschoß. Was mich betrifft, so finde ich Ihre ganze Idee ästhetisch und ethisch abstoßend. Ästhetisch, weil sie einen Gott beschreibt, der sich in eine intellektuelle Falle locken läßt, und ethisch, weil sie den Glauben für die Religion entbehrlich macht, weil sie uns die Freiheit nimmt, zu glauben oder zu

---

[3] *Brit. Astrophysiker, der als erster die Bedeutung von Einsteins Relativitätstheorie erkannte*

zweifeln. Ein Gott, den man beweisen kann, macht die ganze Angelegenheit ungeheuer, ja: uninteressant. Billig. Was immer Gott sonst noch sein mag, Er sollte nicht billig sein." --

So wie der junge Mann aus dem frommen mittleren Westen der USA im Roman von John Updike Gott beweisen will, so wollen heute Wissenschaftler mit ihren Laboren und Seziermessern die Möglichkeit Gottes zerstören. Angesichts der Grenzen unseres menschlichen Denkens hoffe ich, dass Gott viel Humor hat, damit es ihm nicht so schwer fällt, solchem anthropologischen Größenwahnsinn zu vergeben. Ich wünsche uns allen einen Glauben, der sich von wissenschaftlichen Spekulationen nicht erschüttern lässt und dass er uns in diesem Jahr 2010 durch alle Tiefen und über alle Höhen tragen wird, denn DEIN Friede, Gott, welcher höher ist denn alle Vernunft, ER bewahre unsre Herzen und Sinne in Christo, Jesu, Amen.

Skyline für Puppenspieltheater...

„Vom Ei bis zum Ozean" Tauferinnerungs- gottesdienst, Rabenansprache am Sonntag Quasimodogeniti, 3. März 2013

Der Rabe spricht am Pult, dann am Tisch mit „Feuer und Wasser" Taufbecken mit Wasserkanne, feuerfeste Schale, angezündete Kerze, Wunderkerzen

Hallo, liebe Kinder,
ich habe Euch auch 'was mitgebracht.
Schaut mal her: Was habe ich hier?
Genau: Wasser.
Herrliches klares Wasser.
Als ihr noch ganz klein wart im Bauch von eurer Mama,
da habt ihr selbst im Wasser gelebt.
So wie die Fische im Wasser leben. Ohne Wasser können weder Raben
noch Menschen leben. Wir müssen regelmäßig trinken.
Und unser ganzes Leben ist wie ein Gewässer. Irgendwann seid ihr aus dem
Ei geschlüpft. Ach, nein: Das gilt nur für uns Raben.
Aber irgendwann springt eine Quelle im Bergwald an die Oberfläche. Dort
oben im Gehrner Wald unter der Hohen Wurzel liegt die
Mathildenquelle. Da ist die Quelle des Wellritzbaches. Der murmelt zuerst
wie ein kleines Küken durch den Wald. Das ist die Kindheit des Baches. Er
tanzt lustig über die Wurzeln, manchmal hüpft er auch über den Waldpfad
und sorgt bei Euch für nasse Füße
und dann spielt er mit dem Licht und seinen Wellen.

Dann fließt er hinter dem Kloster Klarenthal mit dem Kältebach zusammen und wird ein größerer Wellritzbach. Dort ist der Wellritzbach schon ein Jugendlicher. Er hatte früher die Kraft eine Mühle anzutreiben: Die Wellritzmühle. Etwas weiter beginnt da die Ringkirchengemeinde. An der Kirche kommen die meisten getauften Jugendlichen ja auch vorbei. Im Frühling kam manchmal so viel Wasser herunter, dass es auch Überschwemmungen gab. Manchmal haben Jugendliche ja zuviel Kraft und dann wird's für die Nachbarn ungemütlich. - Der Wellritzbach versteckt sich dann in der Stadt und lebt unauffällig wie viele Menschen vor sich hin. Er kommt derzeit noch unterir-disch an der Blücherschule vorbei. In ein paar Jahren soll er wieder zu sehen sein. Zur Zeit geht es noch in großen Abwasserrohren in den Salzbach, der hinter der Kläranlage in den Rhein fließt. Der Salzbach steht für die schlimmen Tage, die Menschen und Raben auch durchmachen müssen. Es gibt eben auch dunkle und hässliche Tage im Leben. Der Rhein strömt dann als erwachsener Fluss ein ganzes Leben hindurch, bis er im unendlichen Meer aufhört, etwas Besonderes zu sein. So fließt unser einzelnes Leben einmal aus in Gottes Ewigkeit.

Liebe Kinder, liebe Erwachsene,
das Wasser zeigt uns das ganze Leben vom Ei bis zum ewigen Ozean.
Das Wasser ist mit der Erde verbunden.
Unsere Rabenflügel haben uns noch nie zu einem anderen Planeten getragen, wo es genau solches Wasser gibt, wie auf unserer Erde. Ohne Wasser kein Leben.

Aber auf meinem Tisch habe ich noch mehr.
(Rabe geht zum Feuer und zündet gleich die Wunderkerzen an)
Wenn das Wasser zur Erde gehört, dann gehört das Feuer zum Himmel.
Es kann ja ganz gemütlich brennen wie hier die Kerze,
Aber diese Wunderkerzen zeigen,
dass es auch ganz ungemütlich geht:
Wenn Blitze vom Himmel fallen,

dann haben wir lebendigen Geschöpfe Angst.

Ihr erinnert Euch vielleicht an Martin Luther:
Als er am 2. Juli 1505 von einem Ausflug nach Hause kommt, überfällt ihn
ein gewaltiges Sommergewitter.
Er ruft die Heilige Anna an und verspricht, Mönch zu werden.
Ohne den Blitz, der ihn fast getroffen hätte,
wärt ihr vielleicht alle heute nicht da und es gäbe keine Ringkirche.
Die Menschen dachten ja immer, Gott würde mit Blitzen um sich werfen.
Wir Vögel wussten das immer besser.
Wir konnten ja immer schon auf die höchsten Berge schauen und haben
gewusst, dass dort keine Blitzeschleuderer sitzen.

Aber es gibt noch andere tolle Geschichten. Unsere legendären
Geschwister, die Vögel namens Phönix, die sterben nicht,
sondern sie verbrennen und werden durch diesen Brand neu:
Sie kommen als Küken aus der Asche. Feuer macht neu.
Wenn der Blitz in einen Wald einschlägt, dann hinterlässt er einen
Waldbrand. Doch in dieser Asche gedeihen Pflanzen ganz wunderbar.

Die Bibel erzählt, dass Mose Gottes Stimme im brennenden Dornbusch
hört. In der heißen Wüste brennt ein helles Licht.
Gott zeigt sich im Feuer und spricht zu Mose. Später, als das Volk Israel aus
dem Sklavenhaus in Ägypten auszieht, verwandelt sich Gott in eine
Feuersäule, die als Wegzeichen vor dem Volk herzieht.

Das himmlische Feuer kann uns auf Gott hinweisen.
Aber wenn der Blitz einen Wald oder ein Haus in Brand setzt,
dann kann das auch die Hölle für alle bedeuten, die in der Nähe sind.

Wasser und Feuer. Wir lebendige Wesen brauchen beides. Wir brauchen
regelmäßig Wasser, um nicht zu verdursten, aber wir brauchen auch andere
Nahrung, die unser Körper verbrennt zu einer Energie, die uns bis weit

über die Wolken trägt. Leben ist die wunderbare Verbindung von Feuer und Wasser.

Nur da, wo Gott Feuer und Wasser zusammenführt, entsteht Leben. Darum flackern auf dem Altar die Kerzen. Und darum tauft ihr eure kleinen Menschenküken mit Wasser. Schade, dass wir Raben keine Taufe kennen. Darum beneidet Euch Euer Rabe

Lieber Rabe, Du darfst wieder unter das Pult:

Seit der Kinderarzt, der mich als Kleinkind behandelte, meine Eltern schockierte mit dem Morgenstern'schen „Der Rabe Ralf ruft schaurig, krah, das End ist da, das End ist da!" hat mich der Rabe begleitet. Seit Jahrzehnten als Buffo-Figur in Gottesdiensten, - eine Handpuppe, vornehmlich, wenn auch Kinder dabei sind...

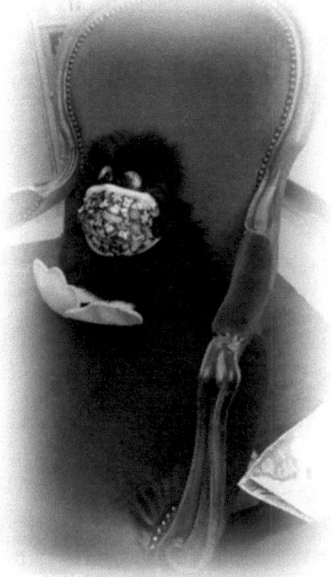

Natürlich machen die Anforderungen der Covid-19 Pandemie auch vor Raben nicht Halt:

Rabe mit Atemschutzmaske...

„Je suis Charlie?"
Konfirmationspredigt 2015,
eine von 21 Konfirmationspredigten an der Ringkirche

Stellvertretend für alle Konfis der 22 von mir begleiteten Konfi-Jahr-gänge für Marcel, Sara, Romy, Luna, Jeanne, Annika, Lara, Sandra, Joya, Lea, Leonard, Torben, Jonas, Edwin, Sören und Lukas.

Liebe Konfirmandinnen, liebe Konfirmanden,
nächste Woche Mittwoch ist das Jahr um, in dem wir uns regelmäßig getroffen haben. Da ist er schon vorbei, Euer Konfirmandenunter-richt. Zum Dienstag hat gehört, dass ihr nach der Schule oft sehr hektisch gleich wieder los musstet, um in die Ringkirche zu kommen. Ihr habt mit Kantor Hans Kielblock gesungen und euch mehr oder weniger geduldig angehört, was ich euch erzählt habe.

Ein paar Mal sind wir aus der Kirche herausgewandert: Zum Wellritzbach, in die Paulinenklinik und schließlich habt ihr mit *Cornelia Beckert* und mir auch den Taunuskamm überquert auf dem Weg nach Langenseifen.

Die Konfizeit ist ein Anlauf. Wir haben einen Anlauf genommen –
Und jetzt müsst ihr springen. Ein Anlauf hat immer eine Richtung.
Und das gilt auch für Eure Konfi-Zeit:
Sie wollte, dass ihr euch in Richtung auf den aufmacht, der euch geschaffen hat und noch erhält. Aber im Sport wie im Leben gibt es immer Menschen, die in eine Richtung Anlauf nehmen, und dann unvermittelt in eine andere Richtung springen.
Das wünschen wir Euch nicht, dass ihr nach einem einjährigen Anlauf einen kurzen Sprung in eine andere Richtung macht, sondern wir wünschen Euch einen guten Absprung, einen freien, langen Flug über die

Schwierigkeiten des Menschseins hinweg und schließlich eine sanfte
Landung in einem Alter, das euch gelehrt hat,
dass Gott Euch erwartet und behütet. Wer legt fest, in welche Richtung
euer Anlauf ging? Als Evangelische sind wir davon überzeugt, dass das
Evangelium uns den Weg zu Gott zeigt.

Im Johannesevangelium begegnet uns ein Mensch,
der seine Richtung neu sucht. Er war einmal jung,
er ist in eine Richtung gelaufen –
und dann hat er *Jesus* kennen gelernt und hat darüber nachdenken müssen,
ob sein bisheriger Kurs die richtige Richtung hatte.
Die Bibel erzählt: **Jesus und Nikodemus.**

„Es war aber ein Mensch unter den Pharisäern mit Namen *Nikodemus*,
einer von den Oberen der Juden. Der kam zu Jesus bei Nacht und sprach
zu ihm:
Meister, wir wissen, du bist ein Lehrer, von Gott gekommen;
denn niemand kann die Zeichen tun, die du tust,
es sei denn Gott mit ihm.
Jesus antwortete und sprach zu ihm:
Wahrlich, wahrlich, ich sage dir:
Es sei denn, dass jemand von neuem geboren werde,
so kann er das Reich Gottes nicht sehen.
Nikodemus spricht zu ihm:
Wie kann ein Mensch geboren werden,
wenn er alt ist?
Kann er denn wieder in seiner Mutter Leib gehen
und geboren werden?
Jesus antwortete:
Wahrlich, wahrlich, ich sage dir:
Es sei denn, dass jemand geboren werde aus Wasser und Geist,
so kann er nicht in das Reich Gottes kommen.
Wundere dich nicht, dass ich dir gesagt habe:

Ihr müsst von neuem geboren werden.
Der Wind bläst, wo er will, und du hörst sein Sausen wohl;
aber du weißt nicht, woher er kommt und wohin er fährt.
So ist es bei jedem, der aus dem Geist geboren ist." *Joh. 3,1-8*

Liebe Konfis, liebe Gottesdienstgemeinde,
wozu ist das eigentlich so wichtig,
was hier bezeichnet wird als der Geist, der uns anweht?
Dieser Geist, der sich festsetzen soll bei Euch,
der euch konfirmieren soll an Gott?
Eine Antwort gibt ein merkwürdiges Buch.
Ein verstörendes Buch, das ich kürzlich gelesen habe. Es hat genau das
Thema, um das es in der Geschichte von *Nikodemus* geht. Und es hat auch
das Thema, um das es euch geht, wenn ihr über die Richtung eures Lebens
nachdenkt. Das Buch heißt „Unterwerfung" und stammt von dem
französischen Erfolgsautor *Michel Houllebecq.*

Der Grund, warum dieses Buch für Jugendliche nicht geeignet scheint, sind
seine pornographischen Stellen, die auf den ersten Blick willkürlich wirken,
bei weiterer Lektüre aber zur Gesamtaussage des Buches beitragen: Eine
von Kinderwunsch und familiärer Verant-wortung getrennte Sexualität
kann in die Welt der Pornographie und Prostitution führen.

Und damit ist das Bedrückende dieses Buches schon umrissen:
Es zeigt ein Frankreich um 2022. Bei den Wahlen ergibt sich eine Mehrheit
für den rechten Front National. Um dessen Regierung zu verhindern,
schließen sich das katholische Zentrum und die Linke mit der
Muslimbrüderschaft zusammen, die von den dreien den höchsten
Stimmanteil bekommen hat. Unter dem neuen muslimi-schen Präsidenten
Mohammed Ben Abbes wird Frankreich ein islamisches Land.

Die Hauptfigur des Romans, *Francois*, wird unmittelbar von seinem
Arbeitgeber, einer der Pariser Universitäten, entlassen, weil diese zur

islamischen Hochschule umgebaut wird. Das Buch schildert böse, wie Menschen auf die neue Herausforderung reagieren, wie sie sich zurückziehen oder sich anpassen, so wie es das in Frankreich in der Zeit der Unterwerfung durch das Nazideutschland schon einmal gegeben hat.

Houllebecq hat keinen islamfeindlichen Roman geschrieben, obwohl von ihm auch sehr hässliche Aussagen überliefert sind: „Die dümmste der Religionen ist doch der Islam" hat er einmal gesagt, was er aber widerrufen hat, nachdem er den Koran gelesen hat. Das Bedrückende dieses Romans ist nicht die Machtentfaltung der islamischen Wertvorstellungen in Westeuropa, sondern der Grund, warum sie sich so einfach durchsetzen lassen:

Die europäische Idee der Freiheit und der Konsequenz aus fast 2000 Jahre Christentum sei so dekadent geworden, dass der Islam mit seinen einfachen Antworten mit offenen Armen empfangen würde. Innerhalb weniger Monate wird aus dem westeuropäischen Frankreich eine islamische Keimzelle, die von *Mohammed Ben Abbes* möglichst schnell in der Europäischen Union aufgehen soll, zu der dann auch die Türkei, Ägypten, Algerien und Marokko gehören soll, weil diese gewaltige Union dann ein mehrheitlich islamisches Ge-bilde wäre, das an das alte römische Reich erinnere – abgesehen von den islamischen Vorzeichen.

In den ersten Monaten merkt man in Paris nur Äußerlichkeiten: Es verschwinden die kurzen Röcke bei den Frauen, die Schleier nehmen im Stadtbild zu und die Frauen verlieren ihre Arbeitsplätze, was die Illusion nährt, es gäbe keine Arbeitslosigkeit mehr. Was auch verschwindet sind die koscheren Lebensmittel im Supermarkt, die jüdischen Franzosen wandern nach Israel aus.

Am Tag, als dieses Buch erscheint, am 7. Januar 2015, werden in Paris 12 Menschen von islamischen Terroristen ermordet, als sie die Redaktion der satirischen Zeitschrift *Charlie Hebdo* überfallen.

Das letzte Titelblatt vor dem Anschlag zeigte eine Karikatur von *Michel Houellebecq* mit den Worten: „2015 verliere ich meine Zähne, 2022 feiere ich Ramadan." *Houellebecq* verlor bei dem Anschlag auch einen persönlichen Freund, den Kolumnisten, *Bernard Maris*. –

Die Vorhersagen des Zauberers Houellebecq

Das Buch „Unterwerfung" zeigt eine Welt ohne Gesinnungen: Keiner der Hauptpersonen ist wirklich erfüllt von einer Botschaft, von einer religiösen Sendung oder einer klaren Werthaltung: Alle wursteln so vor sich hin und sorgen dafür, dass sie im Sinne ihres Strebens etwas abbekommen von den Vorzügen der Wirklichkeit. Auch *Abbes*, der muslimische Präsident ist nicht wirklich ein islamischer Gläubiger, sondern einer, der auf das muslimische Pferd setzt, um die eurasische Welt zu erobern: Er will nur Macht. Darin ähnelt er ein wenig den Mördern des islamischen Staates, die den Islam nur als Vorwand für ihre kriminellen Eroberungen nutzen.
Das Buch endet mit der Überlegung von der Hauptfigur, *Francois*, ob er zum Islam übertreten soll: Er bekäme seine Stelle als Professor wieder, er hätte Beziehungen zu höchsten Stellen, er könnte mehrere Frauen heiraten,

die ihm von einer Ehevermittlerin zugesprochen würden. Frauen, die ihm niemals widersprechen würden. Er überlegt, dass ein solches Leben eine Chance wäre, die Chance auf ein zweites Leben, „das nicht besonders viel mit dem vorherigen gemein haben würde. – Ich hätte nichts zu bereuen."

Damit endet das Buch. Es bleibt nicht einmal eine Erinnerung oder ein schlechtes Gewissen im Hinblick darauf, dass wir als Erben des christlichen Abendlandes die Verantwortung haben, nach unseren Werten zu leben, die keineswegs immer mit den patriarchalen und archaischen Werten des Islam übereinstimmen.

Eine Welt der Freiheit ist immer schwerer zu verteidigen als die totalitäre Welt, in der einer sagt, was getan werden muss. Und diese Werte sind nicht Worte, die in Sonntagsreden gehören, sondern sie sollen unser Leben prägen, unsere Familie, unseren Beruf, unser Denken und Empfinden. Diese Werte sollen uns mit dem verbinden, der mit seinem Leben dafür eingestanden ist,
dass Gott die Menschheit liebt
und jeden einzelnen von uns in die Verantwortung ruft:
Liebe deinen Nächsten wie dich selbst.

Jesus Christus sagt zu *Nikodemus*:
Wahrlich, wahrlich, ich sage dir:
Wenn du nicht ganz mit Leib und Seele neu wirst,
dann bedeutet dir Gottes Ewigkeit nichts.
Wundere dich nicht, dass ich dir gesagt habe:
Du musst ganz neu werden.
Gottes Wind bläst, wie er will.
Du spürst seine Wirkung, hörst sein Sausen;
aber niemand weiß,
wo der Wind seinen Anfang nimmt
oder wo sein Ziel ist.

Bei jedem, der aus Gottes Geist geboren ist, spürst du seine Wirkung. Du merkst, dass Gottes Liebe, seine Hoffnung und Zuversicht unter uns wirkt. Aber du weißt nicht,
warum Gott hier wirkt und welches seine Ziele sind.

Ich wünsche Euch, liebe Konfirmandinnen und Konfirmanden,
dass ihr Gottes Geist spürt
wie einen stärkenden und tröstenden Wind,
dass ER euch berührt und bewegt,
dass ER euch selig macht
und euch hilft,
unsere Welt der christlichen Freiheit gegen alle Angriffe zu verteidigen,
weil sie mit einem liebenden Gott verbunden ist.

Gott, *Jesus Christus,*
nimm unsere Konfirmandinnen und Konfirmanden auf in Deine Gemeinschaft,
stärke ihnen Glauben,
gib ihnen Freude und Hoffnung.
lass DEINE Liebe und Güte
auf unserer Erde spürbar sein,
lass uns alle fest werden in DEINER Freiheit,
denn dein Friede, welcher höher ist denn alle Vernunft, bewahre unsre Herzen und Sinne in Christo, Jesu, Amen.

Der Grund, warum gerade diese Konfirmationspredigt in diesem Band gelandet ist, liegt weniger in ihrem – durchaus kritischen und nach den Palästinenser-Demonstrationen anlässlich der Morde der Hamas 2023 aktuellen Thematik. Im Anschluss an diesen Konfirmationsgottesdienst bekam ich von einem Teilnehmer eine Morddrohung. Bei diesem Herrn hat sie irgendetwas empfindlich berührt oder er war als unge-übter Predigthörer zu genauem Zuhören nicht in der Lage.

Das Verkündigungsfenster zeigt die Zusammengehörigkeit von Wortverkündigung und Altarsakrament. Es widerspricht der damaligen Auffassung, die Abendmahlsfeier sei weitgehend verzichtbar.

Ringkirche im Rückblick 2000-2019
Ringkirchengottesdienst
am 9. Sonntag nach Trinitatis, 18. August 2019,
zum 125. Jubiläum der Ringkirche,
der 9. Jubiläumsgottesdienst:

Liebe Gottesdienstgemeinde,
der letzte Gottesdienst in dieser Reihe hat begonnen:

Zum 125jährigen Jubiläum hatten wir die Biographie unserer Ringkirche zum Anlass genommen, zurückzuschauen auf neun Epochen dieser 125 Jahre seit 1894.

Dieser letzte Gottesdienst führt uns nun bis in die Gegenwart.
Am 3. November, am Tag, an dem wir die Kirchweihe unserer Ringkirche mit einem großen Fest begehen, schauen wir dann mit der Festpredigerin *Heidemarie Wieczorek-Zeul* in die Zukunft.

Die letzten 20 Jahre, um die es am heutigen Tag geht, sind zugleich 20 Jahre meines Lebens. Damit kann von einer neutralen Beobachtungsperspektive nicht die Rede sein. Wenn ich mir die Chronik der Ringkirche dieser Zeit anschaue, dann ist hier viel losgewesen: Viele Veranstaltungen, viel außerordentliches Engagement in Bausachen, Personalfragen, Gemeinderoutine und Experimente, aber auch und immer wieder triviale Alltagsbewältigung, wenn da eben kein anderer war und die Arbeit getan werden musste.

Bei den Höhepunkten, die in der Chronik zum Ausdruck kommen, fehlt etwas, das in der ganzen Zeit im Vordergrund stand. Ich denke, dass wir uns als Gemeinde und als diejenigen, die in dieser Gemeinde wirken als eine Kraft verstehen, die der globalen Entsolidarisierung entgegentreten. Jesus Christus hat uns gelehrt, dass wir einen universalen Gott haben, der nicht der Gott einer Rasse, eines Volkes, einer Hautfarbe, Sprache oder Kultur ist:

Also hat Gott die Welt geliebt,
dass er seinen eingeborenen Sohn gab,
auf dass **alle**, die an ihn glauben,
nicht verloren werden,
sondern das ewige Leben haben.

Er hat dabei weder „America first" im Sinne gehabt, noch ein deutsches Wesen, an dem die Welt genesen soll. Auch in den Tagen eines vielleicht gerade noch erfolgreichen Brexit-Abkommens, bleibt der Austritt Großbritanniens aus der europäischen Verpflichtung ein Zeichen der aufgekündigten Solidarität.

Gott liebt die Welt und sendet seinen Sohn der gesamten Menschheit, unabhängig von deren religiösen Bekenntnis. In der Frage eines universellen Anspruchs gibt es auch keinen Unterschied zwischen dem Christentum und dem Islam. Ich bin optimistisch, dass sich Recip Erdogan für seine nationalistische Gewalt gegen die Kurden einen Platz in der muslimischen Dschahannam sichert.

Im Folgenden berichte ich von den vielfältigen Facetten, die zu den vergangenen 20 Jahren gehören. Sie können nicht die Inhalte der Gottesdienste, Meditationen und Andachten abbilden. Aufgabe der Predigten und Liturgien ist, die Wirklichkeit Gottes in unserer unüber- sichtlichen Welt zur Geltung zu bringen. Ich denke, dass der Ort, wo Gott wirkt, das Herz der Menschen ist. Gott wünscht für uns und unsere Welt etwas, was unser Herz in seiner Liebe und Überzeugung stärkt.
Wir singen einige Verse des Liedes 361.

Befiehl du deine Wege
und was dein Herze kränkt
der allertreusten Pflege
des, der den Himmel lenkt.
Der Wolken, Luft und Winden
gibt Wege, Lauf und Bahn,
der wird auch Wege finden,
da dein Fuß gehen kann.

Im Jahr 2000 ändert sich für mich persönlich erheblich mein Leben: Am Freitag, den 15. Dezember habe ich meine Frau Agnete im Standesamt eines eiskalten Hochheim geheiratet. Ich bereitete mich auf meine neue Stelle an der Wiesbadener Ringkirchengemeinde vor, auf der ich an der Seite von *Sunny Panitz* stehen werde, der schon zuvor gewählt worden war.

Ich hätte gern diesen Gottesdienst zusammen mit *Sunny Panitz* gehalten, aber ich habe ihn zu spät gefragt. Da war er bereits für einen Gottesdienst in Bierstadt verplant. Aber er lässt Euch und Ihnen allen herzliche Grüße bestellen!

Am **1. März 2001** ist mein offizieller Dienstantritt bei der Ringkirchengemeinde. Meine alte Wohnung neben dem Frankfurter Zoo habe ich Ende Februar ausgeräumt. Die Möbel wandern ins Depot. Meine ersten Wochen residiere ich tagsüber in einem großen Raum, Kaiser-Friedrich Ring 3, im ersten Stock. Erst Anfang Juni erfolgt dann der Umzug ins Pfarrhaus, An der Ringkirche 3, in eine halbwegs renovierte Pfarrdienstwohnung. Am 11. August werden meine Frau *Agnete* und ich durch *Sunny Panitz* in der Ringkirche getraut. Im Gegensatz zum Tag des Standesamts, ist es ein sehr heißer Tag.

Ende August fahre ich mit Zelt auf das erste **Konfi-Camp**. Bis auf ein Jahr, in dem eine Extremwetterlage angesagt war, werden seither alle Konfi-Jahrgänge von mir aufs Konfi-Camp begleitet. Konfis machen dort die Erfahrung, dass sie eine ganz schöne Zahl sind und sie feiern eine Art kleinen Kirchentag ausschließlich für ihre Altersgruppe.

Seit Anbeginn im Jahr 2002 beteiligt sich die Ev. Ringkirchengemeinde an der jährlichen „**Nacht der Kirchen**" in Wiesbaden.- Von Anfang an haben wir uns als Ringkirchengemeinde die Aufgabe gestellt, in dieser Nacht mit unserer Veranstaltung einen besonderen Farbtupfer beizutragen. Das Herz wird auch von einer Freude gestärkt, die vielleicht nicht selbst fromm ist, aber freundlich verschenkt wird. Darum fanden wir es auch gut, *Los Quadros del Son* mit kubanischer Tanzmusik hier zu präsentieren und manches auszuprobieren, das auf den ersten Blick nicht ganz kirchlich schien.

Ebenfalls im Jahr 2002 reiste ich nach **Äthiopien.** Ich lerne eine eindrucksvolle alte christliche Kultur kennen und habe auch Gelegenheit, das damalige Oberhaupt der äthiopisch orthodoxen Unionskirche kennenzulernen, *Abune Paulos*, der in Addis Abeba wirkte. Das hat Auswirkungen: Denn als im Oktober 2003 eine kleine Gruppe äthiopischer Christen zu mir kommt, ob sie in der Ringkirche ihre Gottesdienste feiern könnten, stehe ich ihnen sehr offen gegenüber. Ab Dezember 2003 halten sie regelmäßig Liturgien und Gottesdienste in der Ringkirche – bis heute. 2005 wird ein Mönchspriester den Tabot[4] aus Äthiopien bringen, ein Zeichen für die vollwertige Anerkennung der Wiesbadener Gemeinde.

Eine neue Tradition wird am Pfingstmontag begründet: Wir pilgern beim **Familienpilgerweg** als Gemeinde zunächst noch zum Kloster Klarenthal, später auf die Gänsewiese der Fasanerie, wo wir mehr Platz für einen Freiluftgottesdienst haben.

Dem Herren musst du trauen,
wenn dir's soll wohlergehn;
auf sein Werk musst du schauen,
wenn dein Werk soll bestehn.
Mit Sorgen und mit Grämen
und mit selbsteigner Pein
lässt Gott sich gar nichts nehmen,
es muss erbeten sein.

Mit einer sogenannten Musterachse beginnt die **Restaurierung der Außenfassade** der Ringkirche im Juni 2003. Die Reformatorenhalle wird

---

[4] Eine geheimnisvolle Nachbildung der beiden Gebotstafeln.

2004 mit einem Glasportal geschlossen, zunächst nur mit einem. Das Außenportal folgt dann im darauffolgenden Jahr. Es werden Fensterpaten gefunden, die bei der Restaurierung der Glasfenster finanziell mitwirken. Sie haben geholfen, dass die Fenster zügig erneuert werden konnten. Am 4. Oktober 2009 werden wir die Restaurierung der Außenfassade mit einem Gottesdienst abschließen.

2005 beginnen zunächst ergebnislos die Gespräche zwischen der **Stephanusgemeinde** und der Ringkirchengemeinde mit dem Ziel einer Fusion. Erst 2013 wird es dazu kommen – unter völlig anderen Voraussetzungen. Seither ist das Stephanuszentrum ein diakonischer Dienstort der Ringkirchengemeinde[5] und *Stefan Reder* Pfarrer der Ringkirchengemeinde.

Kantor *Ralf Sach* wechselt 2005 nach Kirchheim unter Teck und wir wählen am 19. Januar 2006 als Ringkirchengemeinde seinen Nachfolger, *Hans Kieblock.* Der übernimmt den Chor und den Kinderchor und erweitert das kirchenmusikalische Angebot um die KirchenStreicher und später um den Seniorenchor. Die **Musik in der Kirche** ist eine Form der Verkündigung, die Menschen vielleicht am meisten ganzheitlich ergreift.

2006 zieht das **Gemeindebüro** um in die heutige Gemeindeetage des Pfarrhauses, An der Ringkirche 3. Die 2003 noch mühevoll selbstgestrichenen Wände der Büroetage im Kaiser-Friedrich-Ring 5 konnten nicht darüber hinwegtäuschen, dass es höchste Zeit war, die Gemeindeverwaltung auch räumlich zu modernisieren. Im Februar 2006 werden die Schnurbäume gefällt, die die Stadt rund um die Ringkirche gepflanzt hatte. Die Fachleute und Restauratoren hatten uns darauf hingewiesen, dass um ein Sandsteingebäude keine Bäume stehen dürfen, damit die Sandsteine immer gut abtrocknen können. Im gleichen Jahr wird der Förderverein für

---

[5] Bis Ende 2022.

die Kirchenmusik an der Ringkirche, **Rondo**, als gemeinnütziger Verein eingetragen.

Am 4. Oktober 2006 beginnt auch der **Umbau des Pfarrhauses**: Im Hinterhof, im Untergeschoss wird eine Toilettenanlage gebaut und es wird ein Versammlungsraum mit angebauter Küche errichtet.

Am 9. Oktober 2007 ist ein besonderer Festtag für die Ringkirchengemeinde: Die Frage der **Stühle** ist geklärt. Nachdem etwa zehn Jahre lang Kirchenvorstände und Stuhlkommissionen zu keinem Ergebnis gekommen waren, wurden die grauen Stühle angeschafft, die lange Zeit ihren Dienst tun werden.

Im November 2009 kommt ein neuer **Kirchenvorstand** ins Amt, der die Geschicke der Ringkirchengemeinde lenken und leiten wird. Für diese ehrenamtliche Aufgabe dürfen wir sehr dankbar sein: Dass es immer wieder Menschen gibt, die Zeit und Energie in die Kirche stecken – und hoffentlich dafür auch Energie und Freude empfangen von dem Herren, dem die Kirche sich verdankt. Im September 2015 wird der jetzt noch *(2019!)* im Amt befindliche KV eingesetzt.

In den nächsten Jahren sind Leute aus der Ringkirchengemeinde viel unterwegs. Pilgerwanderungen, Fahrten zum Beispiel ins Gießener Liebigmuseum, Ausflüge mit dem Kinderchor, und ab 2013 jährlich mit den Konfis nach Langenseifen, bringen Bewegung in die Gemeinde.

2013 bringt auch die organisatorisch größte Veränderung mit sich: Durch Vermittlung des Dekanats kommt es zur **Fusion der Stephanus- und Ringkirchengemeinde**. Hatte es vor Jahren noch große Bedenken gegeben, dass die Stephanuschristen den Weg in die Ringkirche nicht gehen wollten, gab es seither kaum ernste Probleme und ich habe wenige Stimmen gehört, die dieses Zusammengehen bedauert hätten.

Im Jahr 2014 gedenken wir der getauften **Christen**, die während des Dritten Reiches aus unserer Ringkirchengemeinde ausgestoßen wurden, weil sie **jüdischer Herkunft** waren. Dieses Unrecht geschah, weil die Mehrheit der Kirche sich den Forderungen des Nationalsozialismus gebeugt hat. Eine Tafel im Vorraum der Kirche wird dauerhaft an die Geschwister erinnern, die durch eine kleine Kommission ermittelt werden konnten.

Auf, auf, gib deinem Schmerze
und Sorgen gute Nacht,
lass fahren, was das Herze
betrübt und traurig macht;
bist du doch nicht Regente,
der alles führen soll,
Gott sitzt im Regimente
und führet alles wohl.

2016 steht die **Orgel** im Mittelpunkt des Interesses, - denn sie schweigt. Ihre Pfeifen wurden ausgebaut und gereinigt, ergänzt und zum Teil neu angefertigt. Am 18. September erklingt sie wieder in ursprünglicher Klangmacht.

2018 nehmen wir als Gemeinde im Januar **Abschied von** *Sunny Panitz*. Er hätte gern noch etwas länger gearbeitet, aber die zuständige Kirchenrätin schickte ihn in Pension. Ein großes Fest haben wir am 28. Januar gefeiert.

Eine gewaltige **Flut von Veranstaltungen** hat in der Ringkirche stattgefunden, die wir kaum zählen können. Evangelische und orthodoxe Gottesdienste, Musik aus der reichen Kulturgeschichte der Welt, Folk- und Rockkonzerte, Bühnenevents und Theaterstücke. Haben wir damit etwas beigetragen zur Kultur unserer Stadt, zum Frieden, zu Großzügigkeit und Toleranz?

Damit sind wir im Jahr 2019 angekommen und bei den **Jubiläumsgottesdiensten**, dessen letzter sich langsam seinem Ende zuneigt.

Wir wünschen uns am **3. November 2019** ein großes Fest, das uns nicht nur mit unserem Kirchengebäude verbinden wird, sondern auch und gerade als Gemeinde Gottes. Nicht, um wie ein Igel nach außen Stacheln zu zeigen, sondern um eine christliche Offenheit zu leben, die Mut macht – und Freude von Gott empfängt.

Gott, löse unsere Herzen von den Lasten,
damit wir frei werden vom Bösen
und Freude am Guten empfinden. Amen

Wird's aber sich befinden,
dass du ihm treu verbleibst,
so wird er dich entbinden,
da du's am mindsten glaubst;
er wird dein Herze lösen
von der so schweren Last,
die du zu keinem Bösen
bisher getragen hast.

Lammdarstellung im Ringkirchenfenster

Von der immer neuen Flucht der Theologie in die Politik
Jubiläumspredigt zum Reformationsfest
127 Jahre Ringkirche, 1. Oktober 2021

Liebe Gottesdienstgemeinde,
wir hören heute zum 127. Jubiläum der Ringkirche keine Schrift-auslegung, wie wir sie meistens in der Predigt erleben. Dennoch möchte ich meinen Worten ein biblisches Wort aus dem Matthäus-evangelium (22,19ff) als Motto voranstellen:

„Und sie reichten Jesus einen Silbergroschen.
Und er sprach zu ihnen:
Wessen Bild und Aufschrift ist das?
Sie sprachen zu ihm: Des Kaisers.
Da sprach er zu ihnen:
So gebt dem Kaiser, was des Kaisers ist,
und Gott, was Gottes ist!"

Der Grund, dass ich hier oben stehe auf der Kanzel der Ringkirche, ist, dass ich in den letzten Jahren die Bauakten dieses Kirchenbau-werks erfasst habe und daraus eine Geburtsgeschichte der Ringkirche verfasst habe.

Zwei Bände von den dreien enthalten alle wesentlichen – noch lesbaren Schreiben, die vor etwa 130 Jahren die Baustelle begleitet haben und ein Band fasst die Erkenntnisse dieser Quellentexte zusammen.

Bin ich nun klüger geworden, über die Geschichte der Ringkirche?

In einigen Fragen kann ich das mit Ja beantworten. Ob der Zeit-aufwand in einem angemessenen Verhältnis zum Erkenntnisgewinn steht, das muss jeder beantworten, der die Bücher zur Hand nimmt.

Bei dieser Arbeit sind mir Menschen vertraut geworden. Ich nenne als Beispiel den unglücklichen älteren Frankfurter Architekten *Jacob Lieblein*. Überall stand schon vorher geschrieben, dass er als Baufüh-rer die Ringkirche begonnen hat, aber dann verschwindet er sang- und klanglos und wird durch *Friedrich Grün* ersetzt, einem jungen aufstrebenden Architekten.

Jacob Lieblein hält sich als Zeichenlehrer über Wasser. Er hat in Frankfurt einige wenige Häuser bauen dürfen, aber offenbar dann kaum noch Aufträge bekommen.

Gesucht wird ein Baumeister, der in Wiesbaden die Baustelle führt. Denn der große Architekt, der die Pläne gezeichnet hat, *Johannes Otzen*, lebt in Berlin und ist davon abhängig, dass gute Leute seine deutschlandweit verstreuten Baustellen im Griff haben.

Die Stelle eines Bauleiters wird in den letzten Monaten des Jahres 1891 – vor 130 Jahren – ausgeschrieben. Am 21. Januar bewirbt sich *Lieblein*. Eigentlich beginnt nun schon das Drama. Um für sich zu werben, bittet *Lieblein* namhafte Kollegen um Empfehlungen. Eine solche schickt der berühmte Architekt *Paul Wallot*, der Schöpfer des Berliner Reichstags, am 29. Januar an *Johannes Otzen*. Dort heißt es: *Lieblein* sei ein „umständlicher, aber sehr tüchtiger, erfahrener, ge-wissenhafter und absolut zuverlässiger Herr." Noch deutlicher wird *K.E.O. Fritsch*, der Herausgeber der Deutschen Bauzeitung, der zwar auch meint, dass *Lieblein* treu und gewissenhaft sei, er sei aber kein großes Talent. Und: „Wenn in diesem Auftrag nicht zu hohe Anfor-derungen gestellt werden, dürfte er der Aufgabe wohl gewachsen sein." So geht es weiter.

Trotz dieser im Grunde katastrophalen Zeugnisse, wird *Lieblein* im Februar für die Bauleitung der Ringkirche angestellt.

Die meisten, die mit der Baustelle zu tun haben, mäkeln an *Lieblein* herum. Und dieser schreibt ellenlange Briefe an den Chef, *Johannes Otzen*, der sich mit Vielem herumärgern muss, was er gern seinem Stellvertreter in Wiesbaden überlassen hätte. Am Ende des Jahres in-trigiert dann auch noch der erste Pfarrer der Ringkirchengemeinde, *Lothar Friedrich*, gegen den angeschlagenen Mann und *Otzen* tauscht ihn gegen einen jüngeren und energischeren Architekten aus.

Ein Brief aus späteren Tagen wirft dann noch ein besonders trauriges Licht auf den Mann, bei der Lektüre von seinen verzweifelten Schreiben, möchte man ihm irgendwie die Daumen halten, aber man spürt, es nützt nichts.

Ein Techniker bittet 1894 um ein Zeugnis und berichtet aus Frank-furt, dass *Lieblein* erkrankt sei und in eine „Irrenanstalt", wie man damals Heil- und Pflegeanstalten bezeichnet hat, eingewiesen wor-den sei. Über sein Todesjahr gibt es unterschiedliche Angaben. Gut möglich, dass er die Einweihung der Ringkirche nicht mehr erlebt hat.

So weit ein kurzer Blick darauf, dass in historischer Arbeit auch **Begegnung** steckt, in diesem Falle mit Menschen, die schon lange nicht mehr leben.

Ein anderer wichtiger Aspekt war mir, den **Geist** kennen zulernen, aus dem heraus die Ringkirche gebaut worden ist. Auch dieser ist fest verbunden mit zwei Personen. Die erste ist bei uns in der Ringkirche fast völlig unbekannt, weil sie an der Marktkirche gewirkt hat als Er-ster Pfarrer: *Karl Bickel.*

Die Sammelexemplare der „Protestantischen Kirchenzeitung", die ich in der Landesbibliothek einsehen konnte, trugen einen Dank an ihn für die Überlassung. Damit lässt er sich ebenso wie der zweite wichtige Mann für die Ringkirche als ein Angehöriger der damaligen „kirchlichen Linken" einordnen. Unter *Karl Bickel* wurde Wiesba-den in Einzelgemeinden aufgeteilt und zugleich wurde er der erste Chef der **Wiesbadener Gesamtgemeinde**, die im **April 1892** gegründet worden ist.

Der angedeutete zweite Mann ist *Emil Veesenmeyer*, der für den Bau der Ringkirche das sogenannte „Wiesbadener Programm" aufgestellt hat, nach dem in Deutschland und in der Schweiz Dutzende von Kirchen erbaut worden sind.

Auch von *Veesenmeyer* gibt es eine große Zahl von Schreiben, die bei mir ihre Spuren hinterlassen haben. Ursprünglich kannte ich nur sein Bild und ein paar Lebensdaten, da galten ihm meine Sympa-thien. Jetzt nach der Lektüre von vielen Schriften, sind meine Sym-pathien bis auf den Gefrierpunkt heruntergekühlt.
Was ist geschehen?
Emil Veesenmeyer, ein gebürtiger Stuttgarter, hat Theologie unter anderem in Straßburg studiert und hat – obwohl Schwabe – im Badischen sein Vikariat gemacht. Im Jahr 1880 ist er Vikar in Mann-heim. Als solcher tritt er in das Licht der protestantischen liberalen Öffentlichkeit, als er sich an der altehrwürdigen Kirche St. Cathari-nen in Osnabrück bewirbt. Hier war schon der Friedensvertrag nach dem 30jährigen Krieg ausgehandelt worden. Es gelingt dem jungen Kirchenmann, die Gemeindeverantwortlichen für sich einzuneh-men: Sie berufen ihn zum Gemeindepfarrer. Da haben aber alle Beteiligten die Rechnung ohne den erzkonservativen Wirt gemacht: Das Hannoversche Konsistorium unterwirft *Veesenmeyer* einem Colloquium, einem Lehrgespräch, dass gut in die Zeiten der unheiligen Inquisition gepasst hätte und lehnt ihn kurzerhand ab.

Der Fall wird ausführlich in der Protestantischen Kirchenzeitung des Jahres 1880 geschildert und *Veesenmeyer* erhält Gelegenheit, seine Perspektive in den Druck zu bringen. Er füllt sieben Spalten, in denen er in weinerlichem, eitlen Tonfall die Ungerechtigkeit der hannoverschen Kirche beklagt. Hier lässt er auch einen Teil seiner gehaltenen Bewerbungspredigt abdrucken, die in mir den Gedanken wachrief, ob durch das ungerechte Urteil aus Hannover der altehr-würdigen Katharinenkirche in Osnabrück nicht ein schlimmes Schicksal erspart geblieben ist. *Veesenmeyer* geht später nach Wies-baden und wird nach der Aufteilung in Einzelgemeinden in der Bergkirche wirken.

Veesenmeyer galt mir vordem als origineller Kopf. Und genau das ist jetzt verloren gegangen. Im Zuge der Arbeit lernte ich die Zeitungs-beiträge und Buchveröffentlichungen eines damals vielbeachteten Pfarrers aus Dresden-Neustadt kennen: *Emil Sulze.* Dieser *Emil*, nicht der *Emil Veesenmeyer*, ist eigentlich der Urheber der Gedan-ken, die zum Wiesbadener Programm führen. *Emil Sulze* trägt eine **Gemeindetheologie** vor, die auch bei uns in Nassau zu der Auf-teilung in Einzelgemeinden und zu Seelsorgebezirken führt. Dieses Gemeindekonzept sieht nun vor, dass das gesamte Gemeindegebiet von sogenannten Presbytern kontrolliert wird, die überall dafür sorgen sollen, dass die Menschen nach gutem protestantischen Geist leben.

Das hat mich sehr abgestoßen, gerade im Hinblick auf eine Zeit da-mals, in der auf Synoden die moralische Qualität einer Gemeinde oder einer Stadt nach der Zahl der unehelich geborenen Kinder[6] beurteilt worden ist.

Dafür kann *Emil Sulze* nichts, aber später wird der Nationalsozialis-mus genau diese Idee aufnehmen und überall **Blockwarte** einsetzen, die für Zucht und Ordnung sorgen, indem sie missliebige Personen denunzieren. Auch *Emil Sulze* hatte ein Vorbild, das war *Johannes Calvin* in Genf: 1541 errichtete *Calvin* hier einen Gottesstaat, der zwar einen mehr oder weniger christlichen Charakter hatte, aber in seiner Einheit von politischer und religiöser Herrschaft große Ähnlichkeit damit hatte, was wir an islamistischen Visionären bekämpfen. Auch der „Islamische Staat" möchte

---

[6] Umgekehrt reziprok!

eine solche Einheit – wie allerdings auch die meisten mehrheitlich islamischen Staaten. Dass Menschen, die sich nicht angepasst haben, unter *Calvin* ins Exil mussten oder umgebracht wurden, braucht dabei kaum betont zu werden.

Dieser Geist weht durch die frühen Pläne der Ringkirche. Und er bestimmt die Köpfe von *Emil Veesenmeyer* und *Karl Bickel*. Wenn in den Straßen die Presbyter für Ordnung sorgen, was soll dann in den Kirchen geschehen? Das sagt *Emil Sulze* sehr deutlich: Hier in der Kirche werden die Menschen mit Geschichten versorgt, die ihnen klar machen, wie sie zu leben haben. Er nennt das katechetische Predigten. *Sulze* ist allen Ernstes der Meinung, dass die Leute nur deshalb von der Kirche weg zu den Sozialdemokraten überliefen, weil man ihnen nicht genug kirchliche Moral gepredigt habe.

Hier ist die Welt des **Neuprotestantismus** im 19. Jahrhundert je-denfalls *meinem* eigenen theologischen Denken sehr fern und steht im Widerspruch zu der Versuchungsgeschichte aus dem Matthäus-evangelium: Die Pharisäer und Schriftgelehrten wollen aus religiösen Gründen die Steuerzahlung an die Römer infrage stellen. Jesus weist sie darauf hin, dass Gott eine andere Autorität hat als die Politik: „So gebt dem Kaiser, was des Kaisers ist, und Gott, was Gottes ist!"

Der Friede Gottes, welcher höher ist denn alle unsere Vernunft, bewahre unsere Herzen und Sinne in Christo Jesu, Amen.

In der Regel wird in der Ringkirchengemeinde zu den Jubiläums-gottesdiensten ein Gastprediger oder eine Gastpredigerin eingeladen. Dass dies im Jahr 2021 nicht geschehen ist, hat zwei Gründe: Zum Einen war in diesen Corona-Zeiten nicht klar, ob es einen ungestörten Gottesdienst geben wird, zum anderen hatte ich kurz zuvor die Arbeit an einem dreibändigen Werk über den Bau der Ringkirche abgeschlossen und ich bekam in diesem Rahmen Gelegenheit, einige Erkenntnisse daraus vorzustellen.

Der Textband über die Geburt der Ringkirche:
Ralf-Andreas Gmelin, Baustelle Ringkirche, Ein monumentales
Unternehmen, 1888 bis 1896. BoD, Nordenstadt, 2021,
204 Seiten, 9,80 €. ISBN: 9 783754 333143

Der Teufel hat Putin nicht verlassen
Ringkirchenpredigt am Sonntag Invocavit, 6. März 2022

Begrüßung:
Liebe Gottesdienstgemeinde, liebe Konfis,
Die Leidenszeit, die Passionszeit beginnt.
In Europa herrscht Krieg.

„Der Papst? Wie viele Divisionen hat der denn?"
Josef Stalin antwortete im Jahre 1935 auf den Hinweis, dass auch der
Vatikan im Krieg Stellung bezogen habe. Er meinte damit, dass die
Bedeutung eines Staates allein auf seiner militärischen Stärke beruhe. Die
Sowjetunion ist schwer bewaffnet untergegangen. Heute, fast achtzig Jahre
später, gibt es schon lange keine Sowjetunion mehr. Ein Papst beherrscht
auch weiterhin nur von der Schweizer Garde be-wacht, den Vatikan.

Der *David* in diesem neuen Kampf ist die Ukraine und trägt das Ge-sicht
von *Wolodymyr Selenskyj.* Er hat nicht nur eine mutige Innen- und
Außenpolitik in der Ukraine gegen Korruption, Oligarchen – und
russische Vorherrschaft geführt, sondern die Ukraine auch zu einer
Verteidigung gegen den brutalen Goliath Russland ermutigt. Niemand
weiß, wie die Zukunft aussehen wird, wir wünschen uns, dass es eine
baldige Rückkehr zum Frieden geben wird, aber es sieht derzeit nicht so
aus.

Liebe Gottesdienstgemeinde,
die Passionszeit, die Zeit von Leid und Sterben ist in diesem Jahr mit
Händen zu greifen.
Alle Jahre wieder denken wir als Kirche an das Leiden und Sterben unseres
HERRn *Jesus Christus,*
und die Verteidiger der Ukraine geben uns mit ihrem Leiden und Sterben
ein Beispiel.

Herzlich willkommen zu diesem Gottesdienst an Invocavit.
Er markiert in der christlichen Tradition den Beginn der etwa
vierzigtägigen Vorbereitung auf das Osterfest, die die christlichen Kirchen
traditionell als Fastenzeit begehen.
Sowohl in der evangelischen als auch in der katholischen Kirche steht
heute die gleiche Geschichte im Mittelpunkt: Die Geschichte vom
vierzigtägigen Aufenthalt *Jesu* in der Wüste.

Vierzig Tage fastet *Jesus*.
Vierzig Tage, ohne den Leib mit Nahrung zu stärken.
Vierzig Tage ohne Gegenüber, ohne Gespräche,
ohne schützende Mauern, ohne Vergewisserung.

Der Sonntag Invocavit ist ein Auftakt für die Passionszeit. Suchen wir
unseren Weg zu Gott,
zu uns selbst und zu dieser Welt,
die den Frieden braucht –
und mit einem weiteren Krieg überzogen wurde.

Predigt
Darauf führte ihn der Teufel mit sich
auf einen sehr hohen Berg
und zeigte ihm alle Reiche der Welt
und ihre Herrlichkeit und sprach zu ihm:
Das alles will ich dir geben,
wenn du niederfällst und mich anbetest.

Es sieht so aus, als habe der russische Präsident kürzlich Besuch gehabt.
Von einem, der überzeugend lügt. Und er hat nicht geantwortet wie *Jesus
Christus*:

„Weg mit dir, Satan!
Denn es steht geschrieben (5. Mose 6,13):

»Du sollst anbeten den Herrn, deinen Gott,
und ihm allein dienen!«

Und darum hat der Teufel *Putin* auch nicht verlassen.
Und die Engel werden nicht zu ihm treten und ihm dienen.

Liebe Gottesdienstgemeide,
die russische Propagandamaschine läuft auf Hochtouren. Das ist für die
Menschen dort nichts Neues. Echte Meinungsfreiheit war weder im
zaristischen Russland noch in der Sowjetunion erwünscht.

Und am Donnerstag wurde die letzte objektive Radiostimme in Russland
zum Schweigen gebracht: Der Radiosender **Echo Moskau**, samt seinem
Onlineportal sind verboten worden. Ebenso ging es dem Fernsehsender
Doschd. Grund für diese Zensurmaßnahme sind angebliche „Falschnach-
richten", fake news. Dazu kommt eine Gesetzesnovelle, die jeden mit bis zu
15 Jahren Gefängnis bedroht, der Nachrichten verbreitet, die nicht von
Russland „verifiziert" seien.

Mit einem Wort: Jeder, der etwas anderes sagt, als *Putin* hören will, wird
weggschlossen. Das Armutszeugnis einer jeden Diktatur. Sie erträgt keine
Meinungsvielfalt. Auch andere Onlinedienste wurden so verlangsamt, dass
sie kaum noch zu Nachrichtenzwecken taugen. Während die Kanonen,
Raketen und Bomben die Ukraine zermal-men, zermalmt diese Gesetzge-
bung die Reste jeder menschlichen Freiheit, der Freiheit zu eigener Urteils-
und Meinungsbildung.

Der Teufel ist *Putin* treu. Und diese Maßnahmen erschweren auch die
Rückkehr zu diplomatischen Gesprächen. Die könnte es nur geben, wenn
der Rest der Welt noch einen Pfifferling auf *Putin* und sein Wort geben
könnte. Aber wenn niemand mehr auf Augenhöhe mit *Putin* sprechen will,
wird dieser den militärischen Wahnsinn mit allen Mitteln fortsetzen. Eine
verzweifelte Lage, nicht nur für die Ukraine und ihre zerstörte Hauptstadt.

In meiner Kindheit ab dem Ende der fünfziger Jahre hallte von der Kriegsgeneration noch ein Wort zu uns herüber: „Nie wieder!"

Das bezog sich auf den Nationalsozialismus, auf den Militarismus, der vom 19. Jahrhundert übriggeblieben war - und auf einen Krieg. „Nie wieder!", das zeigte sich in der Friedensbewegung, die eine Wiederbewaffnung Deutschlands als Katastrophe empfand, das drückte sich aus in den Friedensmärschen, die gegen jede Aufrüstung in Deutschland und Amerika zu Felde zog.

Der Optimismus, dass *unser* „Nie wieder!" damit auch für alle anderen gilt, ist am **24. Februar 2022** zum Ende gekommen.

„Nie wieder" setzt voraus, dass alle verantwortlichen Politiker die gesamte Menschheit im Blick haben und nicht nur ihre eigenen nationalistischen Machtansprüche.

Ob die EU, die NATO und amerikanische Kräfte in den letzten zwei Jahrzehnten alles richtig gemacht haben, kann ich nicht beurteilen. Der Verdacht der Russen, dass die militärische Neutralität der Ukraine nur ein Lippenbekenntnis sei, während heimlich an der Anbindung der Ukraine in die NATO gebastelt worden sei, wird sich vermutlich nicht völlig von der Hand weisen lassen.

Andererseits musste Moskau zur Kenntnis nehmen, dass die Ukraine das Recht auf eine souveräne Regierung hat, die vom Volk gewählt wird - und nicht von *Putin* eingesetzt wird. Der Clown, den die Russen dem ukrainischen Volk verordnet hatten ist in einem fairen demokratischen Wahlkampf davongejagt worden. Das ukrainische Volk hat sich für den Westen entschieden und nicht für die Bevormundung aus Moskau.

An dieser Tatsache ändern die Panzer und Haubitzen nichts, das werden russische Bomber aus dem ukrainischen Volk auch nicht herausbomben können. Soll eine russisch beherrschte Ukraine künftig wieder regiert werden wie im Stalinismus? Hinter jeder Ecke ein Geheimpolizist? Ist der ehemalige Geheimagent *Putin* immer noch nicht weiter?

Ich fürchte der Teufel hat bei ihm ganze Arbeit geleistet. Nur dass es niemanden gibt, der *Putin* die klare Antwort *Jesu* geben kann: „Weg mit dir, Satan!" Diese Antwort hat er ohne Zweifel verdient, aber da die Menschheit als Werkzeug des Teufels die Atomwaffen erfunden hat, steht uns dieses Wort nicht mehr zu Gebot.

Was nehmen wir mit in die Passionszeit?
Neue Aufmerksamkeit für die Angebote des Teufels, wenn sie uns im Kleinen angeboten werden. 40 Tage, die nun vor uns liegen, in denen wir als Europäer eine besondere Solidarität entwickeln, in der **Unterstützung des ukrainischen Volkes**, das nicht nur für seine, sondern auch für unsere Freiheit kämpft, - aber auch in der Einigkeit, die wir den teuflischen Plänen *Putins* gegenüber bewahren müssen.

Gott, lass uns DEINE Nähe spüren, wenn wir das Teuflische in DEINER Welt bekämpfen, in uns, auf unserem Kontinent, auf unserer Erde, das bitten wir DICH durch Jesus Christus, unseren Herrn, denn DEIN Friede, welcher höher ist als alle Vernunft, er bewahre unsere Herzen und Sinne in Christo Jesu, Amen.

Der Gottesdienst wurde von mir ausgewählt, weil es der erste ist, der nach dem Überfall der russischen Armee, bzw. der Wagnersöldner von mir gehalten wurde. Und er entsteht aus der Erkenntnis, dass selbst mir, der 1976 seinen Wehrdienst geleistet hat, um die russische und damals kommunistische Gefahr abzuwehren, das Risikobewusstsein abhanden gekommen war. Die Drift Putins und seiner mafiösen Camarilla zum Neofaschismus war mir entgangen...

Das Farbenlied des Raben zu den liturgischen Farben:

Violett:

Im dunklen Winter geht es los, da siehst du violett.
Es ist nicht blau und ist nicht rot, hier startet das Quintett:
Fünf Farben hat der Jahreskreis, er startet im Advent,
Blau ist der Himmel, rot das Blut,
sie mischen sich am End!
Ref.:
Die Farben leuchten in die Welt bis tief ins Herz hinein,
von hell bis dunkel, kalt bis warm, sie uns vom Grau befrein.

Weiß

Weiß ist das Licht, die Ewigkeit, sie hängt zur Weihnachtszeit;
es hellt die ganze Kirche auf, und steht für Reinlichkeit.
Fünf Farben hat der Jahreskreis, im Winter leuchtets Weiß,
Hier treffen alle Farben sich, schön wie ein Edelweiß!
Ref.:
Die Farben leuchten in die Welt bis tief ins Herz hinein,
von hell bis dunkel, kalt bis warm, sie uns vom Grau befrein.

Grün

Die meiste Zeit im Jahreskreis da schauen wir auf Grün.
Denn grün treiben die Pflanzen aus, bevor sie später blühn.
Weil später reiche Ernte winkt, ist alle Hoffnung grün!
Auch später dann im Kirchenjahr will Hoffnung in uns glühn!
Ref.:
Die Farben leuchten in die Welt bis tief ins Herz hinein,
von hell bis dunkel, kalt bis warm, sie uns vom Grau befrein.

Rot

Ganz selten nur im Jahreskreis, da gibt es rot zu sehn,
es steht für Blut und Leidenschaft, kann auch für Liebe stehn.
An Pfingsten und am Kirchweihtag, bei der Konfirmation
Sehn wir das rote Parament, zur Kirchweih hing es schon!
Ref.:
Die Farben leuchten in die Welt bis tief ins Herz hinein,
von hell bis dunkel, kalt bis warm, sie uns vom Grau befrein.

Schwarz

Nur an Karfreitag sehn wir schwarz, ganz dunkel wird die Welt.
Kein Farbton soll zu sehen sein, der diesen Tag erhellt.
Ihr Menschen denkt bei Schwarz an Not, an Trauer und an Schmerz.
Wir Raben finden das nicht fair, sind schwarz von Kopf bis Stert.
Ref.:
Die Farben leuchten in die Welt bis tief ins Herz hinein,
von hell bis dunkel, kalt bis warm, sie uns vom Grau befrein.
(Die Melodie zu dieser Parodie hat sich der Rabe von Truck Stop,
„Ich möchte so gern Dave Dudley hörn..."
(1977) ausgeliehen –
mit herzlichem Dank bei Rainer Bach!)

Das einzige bislang
ausgeführte Kanzelparament
mit grünem Samt.

Archivbild: Altarraum der Ringkirche, 2014

Archivbild 2022: Altarraum mit neuem Pult und grünem
Parament. Auf dem Boden ein geklebtes
Abendmahlssternchen,
um während der Pandemie Distanz wahren zu helfen.

Ein spezieller Dank:

An meine Frau Agnete für Geduld und ihre Dreifachbelastung als Ärztin, Hausfrau und als meine Frau und Gedächtnis, zudem auch für 21 Mal etwa 50 kleine Geschenke zu allen Krippenspielen und zahllose Geschenke für Menschen, die uns etwas bedeuten...

An meine Töchter Sophia und Johanna, die mir vor allem in den letzten Monaten oft eine starke Hilfe waren, als mich ein Handicap versuchte in die Knie zu zwingen,

An alle Kirchenvorsteherinnen, Kirchenvorsteher und Ehrenamtliche seit 2001 für ihre Mitarbeit, ihr Engagement und für alles Gute, was sie mir zugetraut haben, besonders Connie und Collie und Dr. Fröhlich - und denen ein ehrendes Andenken, die nicht mehr unter uns sind.

An Petra Höhne, die es am längsten im Dienst der Ringkirchengemeinde ausgehalten hat – die letzten beiden Jahrzehnte mit mir, für ihre unermüdliche und unverwüstliche Arbeit für ein gutes Betriebsklima - und dass der Laden läuft.

An Thomas Schultz-Krutisch für lange Chorkameradschaft und für seinen Vorsitz, der seine gewonnene Freiheit des Pensionärs erheblich angeknabbert hat.

An Barbara Schulze-Falck für ihr selbständiges Engagement nicht nur für die Seniorinnen, sondern auch für viele Verantwortungsbereiche, bei denen sonst niemand „Hier" geschrien hat.

An Chahnaz Alp, die in den letzten Jahren mit viel Kraft und Geschick gezeigt hat, was dem Küster- und Hausmeisterposten lange Zeit gefehlt hat.

An Hans Kielblock für seine Geduld bei Konfirmandenstunden, für seine musikalische Begleitung und Einsprüche – und seine wache Kompetenz.

An Nicole Centmayer und alle älteren und jüngeren, ehrenamtlichen und hauptamtlichen Kolleginnen und Kollegen und Mitarbeiterinnen, ohne die es die Ringkirchengemeinde nicht gäbe

Mein bedauernder Dank an alle, an die ich nicht gedacht habe.

„Die Beweislast hat der Veränderer.
Indem sie diese Regel übernimmt,
die aus der menschlichen Sterblichkeit folgt,
tendiert die Skepsis zum Konservativen.“

Odo Marquard

„Du sollst nicht eher ein Buch schreiben,
du hättest denn einen Furz von einer alten Sau gehört.
Darauf sollst du dein Maul aufsperren und sagen:
Hab Dank, du schöne Nachtigall,
da höre ich einen Text,
der ist für mich!"

Martin Luther

„Der Wind bläst, wo er will,
und du hörst sein Sausen wohl;
aber du weißt nicht,
von wannen er kommt und wohin er fähret.
So ist es bei jedem, der aus dem Geist geboren ist.

Die Bibel: Johannesevangelium 3,8